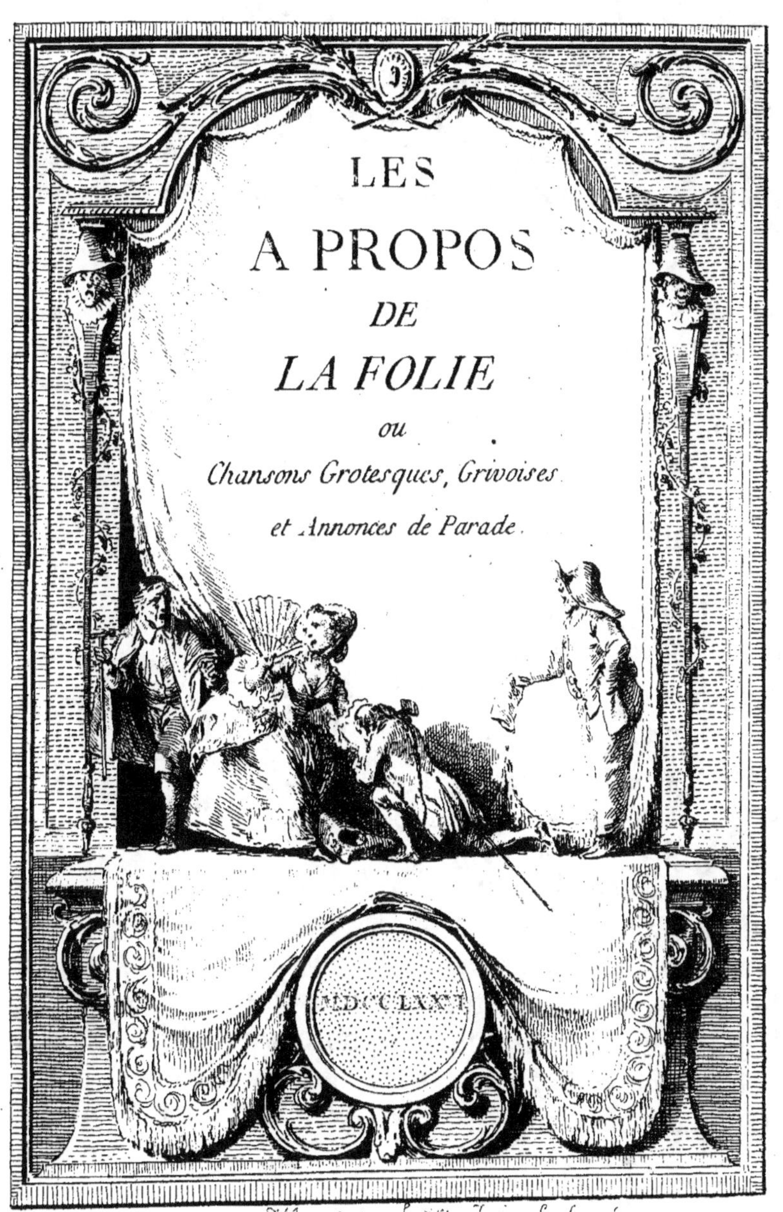

(Réserve)
8° B.L. 11.530

Les Opuſcules de ce Recueil ſont, pour la plupart, des productions de la folie, Car ſous quel autre titre déſigner des Chanſons groteſques, ou grivoiſes, &c. plaiſanteries, imaginées ſoit pour ſervir d'Annonces, ou de Vaudevilles à des *Parades*, ſoit enfin pour être chantées à des Soupers dont les Convives avoient aſſiſté à ces ſortes de Spectacles, & dont l'eſprit fait à la folie de ce genre, ne deſiroit que d'être entretenu dans ſa gaîté? Ce ne ſont ſûrement pas ces momens qu'un Auteur auroit la maladreſſe de choiſir pour riſquer un Madrigal qui ſeroit, à coup ſûr, éclipſé par la bouffonnerie, qui le feroit paroître froid & inſipide.

Si ce Recueil, fait pour ces ſortes d'occaſions, peut donc avoir quelque ſel, c'eſt aux yeux des Amateurs *de la Parade*, genre de Spectacles trop connu, pour avoir beſoin d'être déſigné. Perſonne n'ignore que c'eſt à cette eſpece de Farce, toute informe qu'elle eſt, que nous ſommes redevables *de la Co-*

*Tome III.*a

médie ; & c'eſt ſans doute par reconnoiſ-
ſance que nombre d'Auteurs célebres n'ont
pas dédaigné de s'eſſayer dans ce genre, qui
en dégageant l'imagination de l'entrave des
Regles Dramatiques, lui permet les écarts,
le délire même, & ne preſcrit d'autre but
que celui de faire rire. Auſſi, la liberté de
la Parodie & de l'ancien Opéra comique,
les quolibets, les alluſions ridicules, les fauſſes
liaiſons, ou *pas ta qui eſt-ce ?* (pour me
ſervir du mot qui ſert, en ſtyle de Parade,
à déſigner les ſ miſes au lieu des *t*, & les
t au lieu des ſ.) Les jeux de mots enfin
ſont du reſſort de la Parade ; & l'on pourroit même ajouter qu'Elle adopte tout ce
que la bonne Comédie ſemble vouloir proſ-
crire, ſi l'on ne ſe rappelloit la farce du Zig-
zag, celle de la Fille Capitaine, celle de Dom
Japhet, &c. avouées encore par la Comédie,
& qui prouvent qu'Elle ſe rapproche quelque fois de la Parade.

Au reſte, ces folies Dramatiques, malgré
le nombre de leurs ſectateurs, malgré les
facilités qu'elles ſemblent leur donner, n'ont
pu compléter qu'un Recueil en trois Volumes, annoncé humblement ſous le titre de
Théatre des Boulevards (*a*) ; ce qui prouve
du moins la difficulté de ce genre.

(*a*) Ce Théâtre a été imprimé en trois volumes,
à Paris, en 1756.

[v]

On voit aifément que c'eft ce qu'il im-
portoit à l'Auteur d'établir avant tout; puifque l'idée avantageufe que l'on peut fe former de *la Parade*, doit influer fur les Chanfons, que l'on a jugées dignes de lui fervir
d'*Annonces*. Mais comme le mot d'*Annonces*
pourroit ne pas être familier au Lecteur, &
que l'on ne fçauroit mettre trop de clarté
dans fes énoncés; il ne fera peut-être pas
hors de propos de dire, que l'on entend,
par *Annonces de Parades*, des *Scenes ifolées*
ou *à tiroir*, qui fouvent ne tiennent en rien
à la Parade que l'on doit jouer. Ce font ou
des faillies du moment, ou de petites hifto-
riettes, vrais préludes de folie qui *annon-
cent* celle du Spectacle qui va les fuivre, &
difpofent, par dégrés, l'efprit du Spectateur,
au rire.

Cette efpece de Chanfon n'a, le plus
fouvent, de fel que celui qu'elle emprunte
de la gaîté & du jeu du Chanteur; auffi,
pour aider à fon intelligence, l'on n'a point
oublié de défigner, par des *notes*, les différens caracteres qu'il devoit prêter à chacun
des Acteurs dont il fe fait l'Hiftorien; l'on
a pris la même précaution fur les *Chanfons
Grivoifes* ou *Payfannes*, dans lefquelles, en
confervant l'*orthographe* payfanne, & la *pro-
nonciation* qui lui eft affectée, l'on a eu foin

de défigner, par une apoftrophe, les lettres qui fe trouvoient fupprimées, ou mangées, comme *not'* pour *notre*, *je n'* pour *je ne*, *ç'qui* pour *ce qui*, &c. Et pour moins fatiguer l'attention du Lecteur, l'on a eu foin de mettre en *note*, au bas de la page, les mots dont les *abbréviations* pourroient être difficiles à faifir, à Ceux qui n'ont point l'habitude de cette efpece de ftyle.

Pour repofer de même l'attention du Lecteur, de la monotonie de plaifanteries d'un même genre, l'on a cru devoir mêler dans ce Recueil, quelques Duos, & Chanfons d'un ton moins trivial.

Comme ce Recueil peut fervir de Supplément aux '*A-PROPOS DE SOCIÉTÉ, on l'a intitulé Tome I I I.*

J. M. Moreau Junior inv.
P. A. Martini sculp. 1778.

LES MATINES

DE CYTHERE. (a)

(a) Quoique cette Chanson ait été faite pour être chantée en Duo, on peut la chanter Seul, en supprimant le second dessus.

Tome III.   A

the - re!
Tout ce qu'on y fait s'y
Oui, ce n'est qu'à
fait à Deux; Oui, ce n'est qu'à
Deux, qu'on peut bien fai - re l'of-
Deux, qu'on peut bien fai - re l'of-
- fi - ce du Dieu qui rend heu - reux.
- fi - ce du Dieu qui rend heu - reux.

L'art d'ai-mer, n'eſt rien ?...
Sans l'art de
C'eſt de cet Of - fice u-
plai-re; C'eſt de cet Of - ficè u-
- ne le - çon; Et join - dre le
- ne le - çon;
Plai - ſir ?...
au Myſ - te - re;

A ij

Des Amans heu - reux c'eſt l'Orai - ſon.
Des Amans heu - reux c'eſt l'O - rai - ſon.
PIANO. REPRISE POUR CHAQUE COUPLET.
CHANTONS les Ma - ti - nes de Cy-
PIANO
CHANTONS les Ma - ti - nes de Cy-
- the - re ! Tout ce qu'on y fait s'y
the - re ! Tout ce qu'on y fait s'y
fait à Deux ; Non, ce n'eſt qu'à
fait à Deux ; Non, ce n'eſt qu'à

Deux qu'on peut bien fai - re l'Of-
Deux qu'on peut bien fai - re l'Of-
fi - ce du Dieu qui rend heu - reux.
fi - ce du Dieu qui rend heu - reux.
SECOND COUPLET.
VOULEZ-vous sçavoir quelle est l'An-
VOULEZ-vous sçavoir quelle est l'An-
tien - ne Qu'on entonne en ce tem-
tien - ne Qu'on entonne en ce tem-

TROISIEME COUPLET.

cier - ge ?...
C'eſt à la Prê - treſſe à
Le Clerc met la
l'al - lu - mer.
mèche à l'huile vierge que la Novice
que la Novice
y vient conſommer. Chantons les Mat. &c.
y vient conſommer. Chantons les Mat. &c.

A iv

QUATRIEME COUPLET.

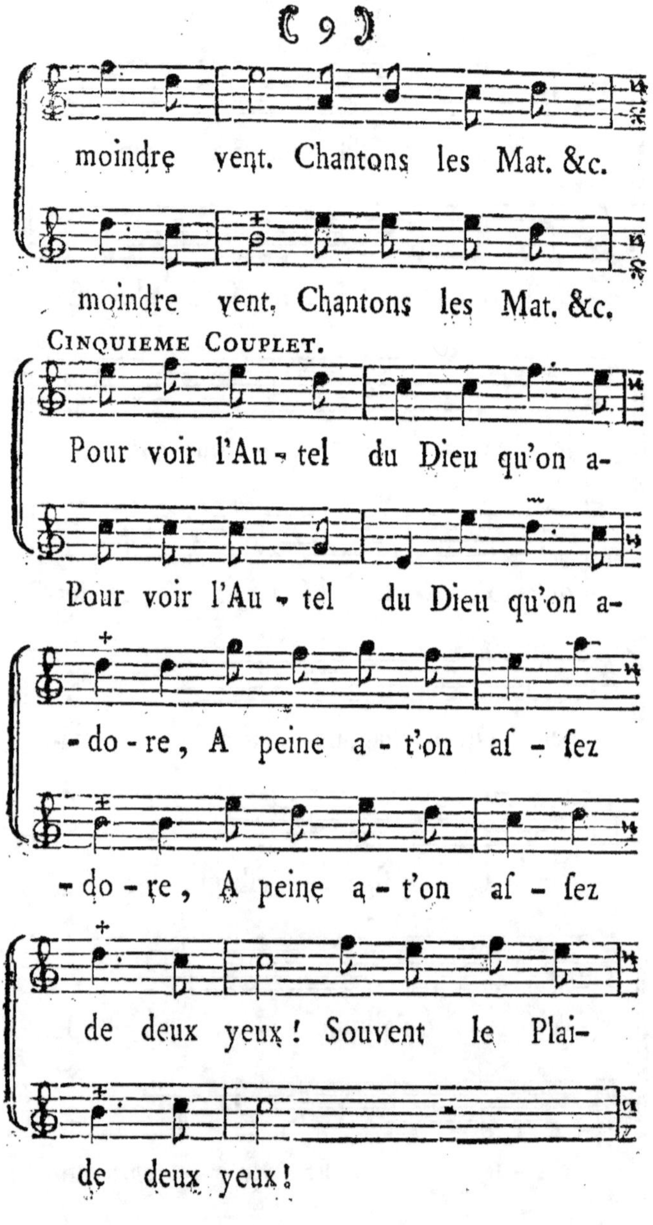

CINQUIEME COUPLET.

-fir les ferme. Deux Amans ne
En - co - re , Deux Amans ne
l'en aiment que mieux. Chantons les Mat. &c.
l'en aiment que mieux. Chantons les Mat. &c.
L'Amour vient ? ...
Quand la Beau - té l'ap-
Des droits du Dieu ? ...
-pel - le. La Déeffe inf-

Le fuit-elle ? Il ne bat que d'une
truit.
aî - le   quand
Mais il en a deux quand
il la fuit. Chantons les Mat. &c.
il la fuit. Chantons les Mat. &c.

II.

L'OISELEUSE.

PARODIE

Sur un Menuet d'Exaudet.

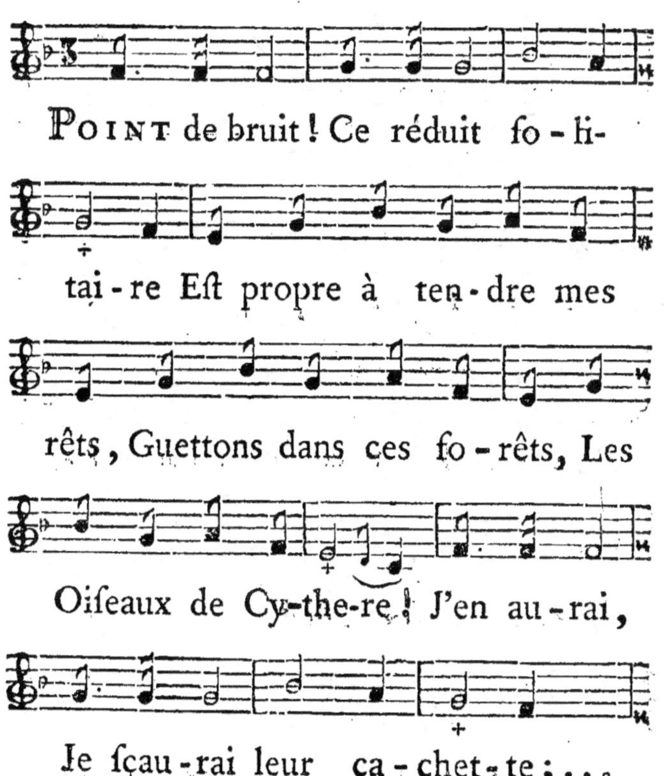

Mes filets font fous des fleurs... Un
des Oifeaux vo-leurs S'y jet-te!
Je fau-te fur ma pri-fe;
En cage elle eft bientôt mi-fe; ....
Quel Oifeau! Qu'il eft beau! Quel ra-ma-ge!
Quel plumage! Je le fiffle, il vient chan-
-ter; Je l'entens ré-pé-ter, Qu'il
ne veut plus quit-ter fa ca-ge.

Il me dit, Qu'il chérit L'esclava-ge;
Mon prisonnier me fait peur; C'est
l'Amour! le trompeur me dit en son lan-
ga-ge: Oui, Lison, Qu'en prison
L'on me tienne! Je ne veux ma li-ber-
té, Qu'après t'avoir ô-té La tien-ne.

III.

LE MOIS DE MAI.

*Sur un Air de M. L****

Fait dif-pa-roî-tre fes gla-çons,
Printems ! quand tes vertes maifons Mar-
-quent l'inftant de ta pa-ru-re;
Au mois de Mai tout ra-jeu-nit,
Et le cœur & la ver-du-re;
Au mois de Mai tout s'at-ten-drit;
Tout rit à la Na-tu-re.

LA jeune & tendre Bachelette
S'éveille au fon du chalumeau,
Pour voir, d'Elle ou de fon troupeau,
Qui bondit le mieux fur l'herbette,
   Au mois de Mai, &c.

LE coq auprès de fa poulette,
Plus matineux, donne au Berger
L'heure où l'Amour doit, au verger,
Le fuivre avec fa Bergerette.
   Au mois de Mai, &c.

DANS le Bofquet mainte Fillette
Echappe aux yeux de fa Maman,
Pour voir dans ceux d'un jeune Amant,
La timidité qui la guette,
   Au mois de Mai, &c.

UN vieux Rêveur va fous l'ombrage,
Pour flatter encor fes defirs,
Peindre le charme des Plaifirs,
Dont tout lui préfente l'image,
Au mois de Mai, &c.

IV.

LA RÉUNION DE L'AMOUR

ET

DE LA RAISON. (*a*)

*Sur un Air de M***.*

Elle peut auſſi ſe chanter

Sur l'Air - Le cœur que tu m'avois donné.

(*a*) Cette Chanſon fut faite pour être chantée à deux jeunes Epoux, le lendemain de leurs Nôces.

B ij

ENFANT alors, il ignoroit
L'abus de sa puissance;
Et la Raison qui l'éclairoit,
Veilloit sur son enfance :
Depuis qu'il reçût un bandeau
Des mains de la Folie,
Il éclaira de son flambeau
Les erreurs de la vie.

MAIS on fe reffent quelquefois
Des leçons d'un bon Maître ;
La Raifon a repris fes droits ;
Son regne va renaître :
L'Amour abjure fon erreur ,
Et lui dit d'un air tendre :
» La voix qui nous mene au bonheur
» Se fait toujours entendre.

RAISON , Amour , font fi joyeux ,
Du plaifir d'être enfemble ,
Qu'ici chacun paroît heureux ,
Du nœud qui les raffemble :
L'Epoufe y dit à fon Epoux :
» Mon bonheur naît du vôtre ;
Et les cœurs s'y répetent tous :
» Leur accord eft le nôtre.

B iij

V.

LE BAL. (*a*)

PARODIE

Sur la Contredanse de l'Ut-sol.

(*a*) Dans cette Chanson il faut rendre alternativement le ton léger & cavalier d'un Petit-maître, & le ton d'une Coquette qui joue l'ingénue. Les guillemets indiquent les momens où la Coquette parle.

Cette Chanson a été faite en société par MM. L✳✳✳ & F✳✳✳✳.

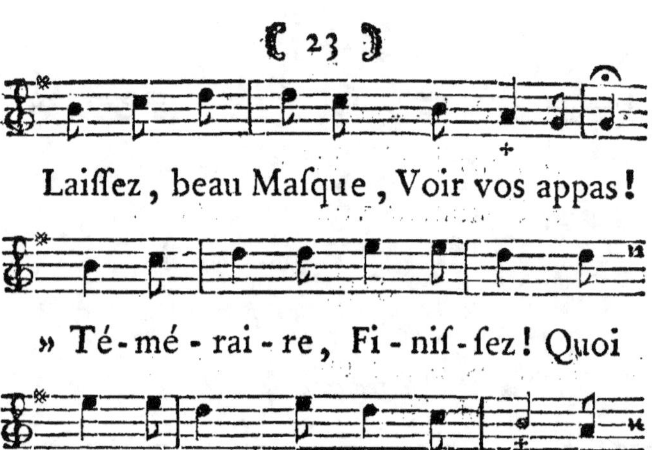

JE leve un maſque incommode ;
C'eſt ma mode ;
Si j'ai tort,
L'Amour vous venge, Madame,
Voyez ma flamme,
Par mon tranſport.
» Téméraire,
» Finiſſez !
» Quoi, vous oſez !...

B iv

» Qu'allez - vous faire ?

» Vous badinez ;

» Comment vous prenez ?...

Je vous prens une fleurette ,
Ma Brunette ,
Point d'aigreur !
A tous les yeux je la cache ,
Et je l'attache
Contre mon cœur.
» Téméraire ,
» Finiſſez !
» Quoi, vous oſez ! ...
» Qu'allez - vous faire ?
» Vous m'étonnez ;
» Comment vous tenez ?...

Oui , je tiens vos mains , Ma chere ,
Je les ſerre
Tendrement :
Cela ne veut - il pas dire ,

Que l'on foupire
Pour vous, Maman?
  » Téméraire,
  » Finiffez !
» Quoi, vous ofez !...
» Qu'allez-vous faire ?
» Vous m'irritez ;
» Comment vous ofez ?...

Oui, je vous mets une mouche
  Que ma bouche
  Va fixer ;
Vous grondez qui vous adore ;
  Grondez encore
  Pour ce baifer.
  » Téméraire,
  » Finiffez !
» Quoi, vous ofez !...
» Qu'allez-vous faire ?
» Mais c'eft affez ;
» Monfieur, vous bleffez....

Si c'eſt votre modeſtie,
Je vous prie
D'excuſer;
D'un Fâcheux je vous délivre;
Je ſçais trop vivre
Pour trop oſer :
» Pour me plaire
» Vous ceſſez ?
» Quoi, vous penſez
» Me ſatisfaire ?
» Eh, finiſſez,
» Monſieur, finiſſez ;
D'un baiſer je m'accommode,
C'eſt ma mode ;
Serviteur :
Allez retrouver la Danſe !
La Médiſance
Me fait grand peur.

VI.

LE MAI

DES SEIGNEURS DE VILLAGE. (a)

RONDE,

*Sur un Air - de M. L****

(a) Cette Chanson fut faite pour être chantée par des Villageois, le jour de la Fête de leur Seigneur.

Au bois on va choisir le Mai,
  Le Mai, &c.
Là, d'un coup d'œil, chaque Fillette
Voit à la quille la plus droite,
  Le Mai, &c.

Un Garçon qui leve le Mai,
  Le Mai, &c.
Porte à la Dame du Village,
(Qui chérit assez cet usage)
  Le Mai, &c.

Il cherche un trou, place le Mai,
Le Mai, &c.
Et puis nous chantons, quand il plante,
Et puis nous plantons, quand il chante,
Le Mai, &c.

La Dâm'cheux qui l'on met le Mai,
Le Mai, &c.
Toujours très-senfible à la chofe,
De trois ou quatre coups arrofe,
Le Mai, &c.

Pierrot, quand il plante le Mai,
Le Mai, &c.
Que ne fuis-je, lui dit ma Tante,
Dame du lieu, pour qu'on me plante
Le Mai ! &c.

Tout ce qui chante ici le Mai,
Le Mai, &c.
Celui même dont c'eſt la Fête,
Avec gaîté le voit, le fête,
Le Mai ; le Mai,
Du joli mois de Mai ;
Le Mai, le Mai,
Qui nous rend le cœur gai.

VII.

DUO
A DEUX BASSES-TAILLES.
AIR DE M. DE LA GARDE.

crois dé-formais, Clau - - - dei - - -
pei - ne, Et tu crois dé-for-mais Clau-
ne, Et tu crois dé-for-mais Clau-
dei - ne Et tu
dei - - - - - - ne De Gré-
crois dé-formais, Clau-dei-ne, De Gré-
goi - re te faire ai - mer, De Gré-
goi - re te faire ai - mer, De Gré-
goire

Croches égal.
goi - re te faire aimer ? mer ? Le
goi - re te faire aimer ? mer ?
vin m'aide à payer les dettes que je con-
Le
tracte a - vec l'Amour, que je con-
vin m'aide à payer les dettes que je con-
tracte avec l'Amour ; Tu m'es témoin que
tracte avec l'Amour ; Tu m'es témoin que

Tome III.   C

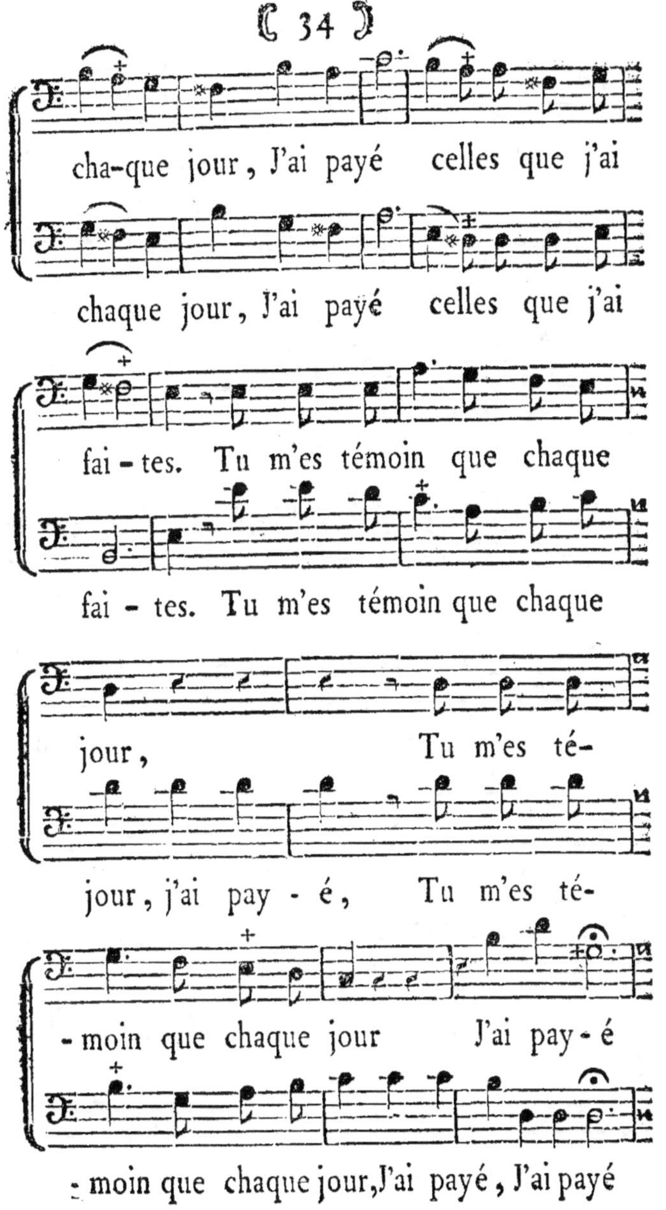
cha-que jour, J'ai payé celles que j'ai
chaque jour, J'ai payé celles que j'ai
fai - tes. Tu m'es témoin que chaque
fai - tes. Tu m'es témoin que chaque
jour,
jour, j'ai pay - é,
Tu m'es té-
Tu m'es té-
- moin que chaque jour
J'ai pay - é
- moin que chaque jour, J'ai payé, J'ai payé

cel - les que j'ai fai - tes.
cel - les que j'ai fai - tes.
Majeur.
CLAUDEINE tout - à - coup, chan-
CLAUDEINE tout - à - coup, chan-
geant de vo - lon - té, lui dît : » Puif-
geant de vo - lon - té, lui dît : » Puif-
- qu'en Amour le vin t'eft nécef - fai - re, Je
- qu'en Amour le vin t'eft nécef - fai - re,

C ij

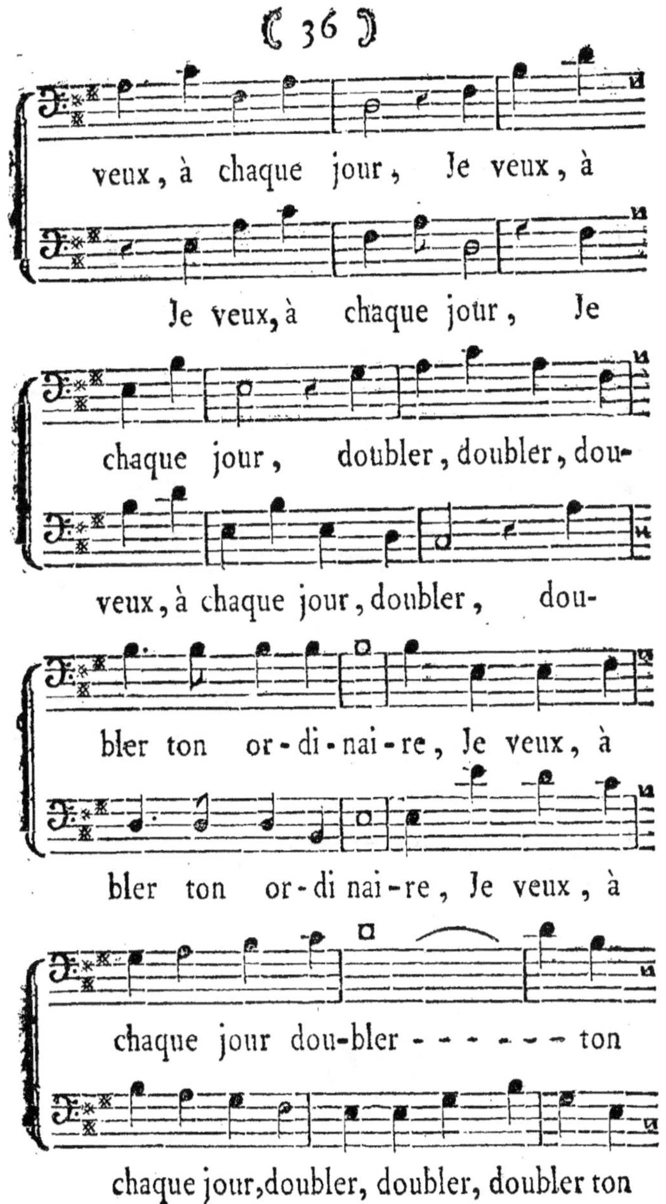

chaque jour, doubler, doubler, doubler ton

or - di - nai - re. Tous deux,
Lent.
or - di - nai - re. Tous deux,
d'un plein accord, si - gne - rent
d'un plein accord, si - gne - rent
le trai - té.
le trai - té.

C iij

VIII.

BOUQUET

DE L'ABBÉ MADRIGAL,

OU

LE CLERC A SIMPLE TONSURE.

Sur l'Air - Le cœur que vous m'avez donné.

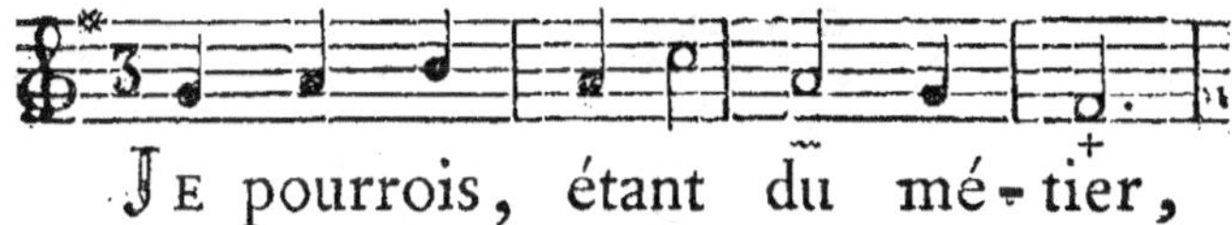

(*a*) Cette Chanson, insérée dans un Divertissement de Parade, étoit chantée par une jeune Dame habillée en Abbé.

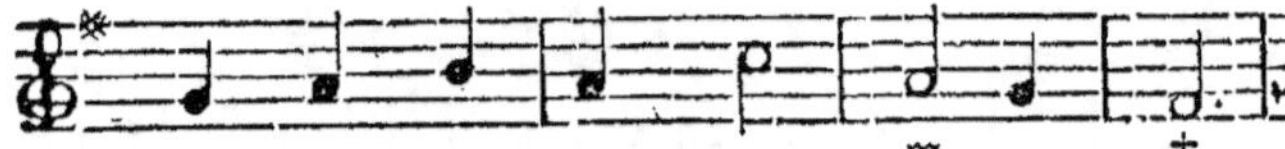

L'A B B É Madrigal eft profond,
 Et vous pouvez l'en croire :
Du Saint du jour, je puis à fond,
 Vous détailler l'hiftoire ;
Mais la longueur eft un défaut
 Qu'on ne doit pas attendre
D'un jeune Abbé, qui fçait qu'il faut
 Plus refferrer qu'étendre.

L E Saint dont vous portez le nom ,
Bon ami, bon Apôtre ,
Avoit nn cœur fidele & bon ,
(Comme on diroit du vôtre ;)
Au Saint fon cœur a trop coûté ,
Pour qu'au vôtre on defire ,
Que jamais fa fidélité
Lui coûte le martyre.

IX.

LA NOCE
DE RENÉ ET DE MANETTE.
RONDE PAYSANNE.

Sur l'Air - Melchior & Balthafar.

(a) Cette Ronde fervit d'Epithalame au Jardinier de Berny, dont S. A. S. Monfeigneur le Comte de Cler-mont avoit fait la Nôce dans les Jardins de Berny.

Bnf ARS

Faut un Galand ben tourné, Pour jeune bru-

net - te ; Pour jeune bru - net - te,

Faut un Galand ben tourné ; Pour plaire

A Ma - net - te, l'-fal-loit Re - né.

GRACE à Monsieur le Curé,
Leur affaire est faite ; (*bis*)
Grace à Monsieur le Curé,
Ç'n'est pus (♭) là Manette ;
C'est Madam' René.

(♭) Pour *plus.*

Au Marié.

UN mot dit du fond du cœur,
   Par ta Bargerette, (*bis*)
Un mot dit du fond du cœur,
   Dans ta maiſonnette
   Loge le bonheur.

QU'UN ſeul mot, qu'Amour attend,
   De deux cœurs qu'il guette , (*bis*)
Qu'un ſeul oui , qu'Amour attend,
   Dans une Fillette
   Fait de changement !
Fille avant de ſe lever !
   Le ſoir ſe voir Femme ! (*bis*)
Fille avant de ſe lever ! . . . .
   Bargere ou grand-Dame,
   Ça donne à rêver.

VOUS n'aviais pas biaucoup d'bien,
   Mais bon voiſinage ; (*bis*)

Vous n'aviais pas biaucoup d'bien,
Mais bon voifinage ;
Vous n'manqu'rais de rien.
L'Prince à l'œil fus vot'moyen,
I'Vous emménage ; (*bis*)
L'Prince à l'œil fus vot'moyen,
Dans l'Plaifir l'nage ,
Quand I'fait du bien.

LES Mariés m'difont, des yeux (*c*);
Toujours va qui danfe ; (*bis*)
Les Mariés me difont, des yeux;
» C'n'eft pas là la danfe ,
» Qui nous plaît le mieux;
» C'eft affez danfer en rond !
» Faut d'la contredanfe ! (*bis*)
» C'eft affez danfer en rond !
» Faut une autre danfe ! '
» Faut danfer tout d'bon !

(*c*) Couplet pour amener des contredanfes.

QUAND (*d*) l'Plaiſ' tire à ſa fin,
   Monguieu ! queu dommage ! (*bis*)
Quand l'Plaiſ' tire à ſa fin,
   Monguieu ! queu dommage !
   Ça rend tout chagrin.
Vous (*e*) l'tenais ded'pis ç'matin ;
   Mais qu'on le ménage ! (*bis*)
Vous l'tenais ded'pis ç'matin ;
   Croyez que le Sage
   Songe au lendemain.

(*d*) Cette Ronde ayant été redemandée en finiſſant le Bal, l'Auteur ſuppléa ce dernier Couplet au précé-dent, qui n'avoit eu pour objet que d'amener à danſer des contredanſes.

(*e*) Aux Mariés.

X.

LE BOUQUET

ALLEMAND. (a)

Sur l'Air - Il faut l'envoyer à l'école.

S'IL me falloit, en allemand, Célébrer

quelque bon Apôtre ; Comme un autre,

Je tour-ne-rois un com-pli-ment :

(a) Cette Chanson fut faite pour être chantée par une jeune Dame Allemande qui avoit encore l'accent du Païs, & ne prononçoit pas bien correctement la langue Françoise.

On sçait assez que, de Paris
Je connois aussi peu l'usage,
Que l'hommage
Qu'on doit aux grands Saints du Pays:
En Allemagne, voici comme
Nous solemnisons un grand Saint,
Force vin,
Avec le plus grand Vidrecomme.

PLUS le Saint eſt chéri chez nous ;
Plus on releve ſon hiſtoire ;
   A ſa gloire ,
Plus il nous fait boire de coups.
Comme Allemande , je propoſe
Que l'on boive , à coup répété ,
   La Santé
Qu'à porter , l'Abbé (*b*) ſe diſpoſe.

(*b*) Un Abbé qui prenoit le verre pour porter cette
Santé.

XI.

XI.

L'AVEU

FAIT PAR L'AMOUR,

OU

LE OUI QUI COUTE A DIRE.

Bergerie, parodiée sur une Musette.

POUR si peu déplaît-on à sa Mere?

C'est un rien; Mais c'est tout pour Julien.

Son cœur since-re, Prend pour co-le-re

Ce que Maman e - xi-ge du mien.

Tome III.   D

» Un mot, Bergere, Un mot, ma chere,
» Un oui, dit-il, feroit tout mon bien.
» Hein ? Rien ! Hein ? Rien. Pour si
» peu déplaît-on à sa Me-re ? C'est un
» rien, Mais c'est tout pour Julien.
Mais l'Amour dit ce que je n'osois
di - re ; Lui-même il sert d'inter-
prête à mes vœux ; Ainsi que toi, ta Ber-

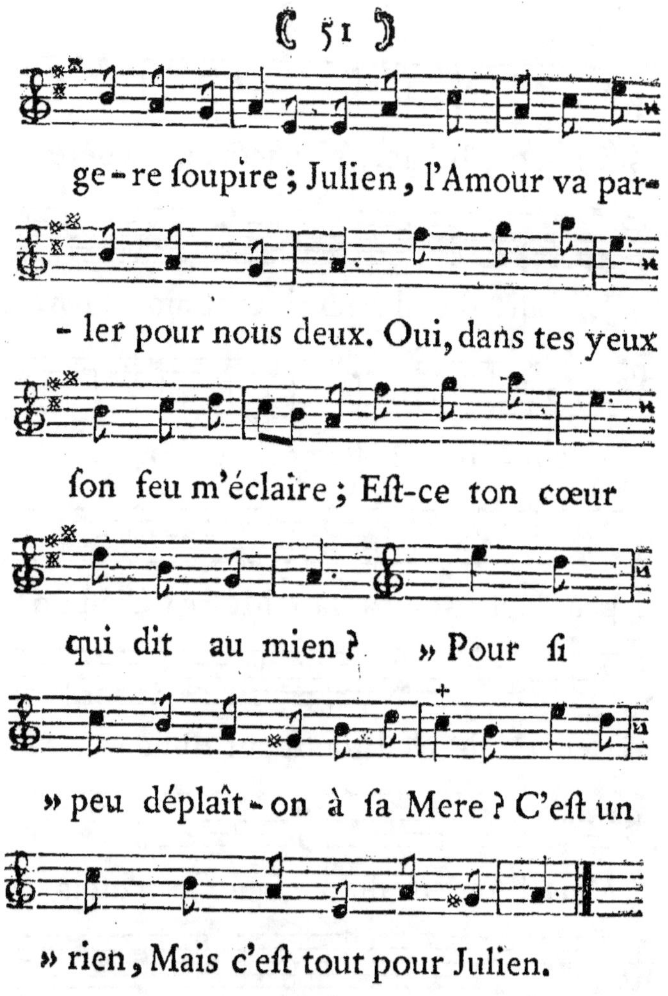

ge - re soupire ; Julien, l'Amour va par-
- ler pour nous deux. Oui, dans tes yeux
son feu m'éclaire ; Est-ce ton cœur
qui dit au mien ?   » Pour si
» peu déplaît - on à sa Mere ? C'est un
» rien, Mais c'est tout pour Julien.

XII.
CHANSON
BACHIQUE.

FAITE CHEZ MONSEIGNEUR ***

Sur l'Air - des Echos.

FLATTÉ de compter fous fes yeux
Des cœurs joyeux
D'être enfemble,
Le fien femble s'épanouir,
Quand le Plaifir
Les raffemble.
Eft - il fier de fon nom ?
Non ;
Son cœur préfere
De réunir fur - tout,
Tout
Ce qui fait plaire.

D iij

La Vertu, chez nos bons Aïeux,
Faisoit des Dieux;
Et dans Rome,
On divinisoit la Valeur,
Ou la Candeur
D'un Grand-Homme;
Admirons des hauts faits,
Faits
Pour être ensemble;
Nous n'en fixons chacun,
Qu'un
Qui les rassemble.

XIII.

BOUQUET

D'UNE FEMME A SON MARI (a)

Sur l'Air - Que chacun de nous se livre.

(a) Cette Chanson fut faite pour un jeune Marié qui revenoit de l'Armée le jour de sa Fête, & qui avoit demandé à sa Femme de souper tête à tête avec elle.

D iv

Du doux nœud qui nous engage,
Ce jour accroît le bonheur;
Dans tes yeux je vois l'image
Des Plaifirs que fent mon Cœur;
Mais fi le jour doit nous plaire,
La nuit comblera nos Vœux;
L'Amour y verra, j'efpere,
Son Bouquet entre nous Deux.

XIV.

VAUDEVILLE

DE LÉANDRE,

AMBASSADEUR DE PERSE.

Sur l'Air – C'est à toi cher Camarade.

CASSANDRE A GILLES.

(a) *Dans ce Vaudeville, fait pour être joué, l'on doit adapter à chaque Couplet le caractere de l'Acteur qui le chante; Dans celui du bon homme Cassandre, rendre le ton d'un bon Vieillard bien bête, qui rit de satisfaction d'avoir fait une sottise; Dans celui de Gilles, le ton d'un bon réjoui; Dans celui de Zizabelle, le ton pincé, & gauchement minaudier; Dans celui de Léandre, l'air avantageux & le ton manieré d'un homme qui se donne pour beau parleur.*

A ZIZABELLE.

Gnia plus rien qui te-traper-fe, Perfe,

Perfe, Tu s'ras plus ais' d'être en Perfe

Qu'à Pa - ris.

GILLES BRAILLARD.

Not' Voifin' (*b*) veut mettre en perce,
Eun' bonn' piéç' (*c*) d'un Vin zefquis ;
J'gag' qu'elle dit, fi je la perce,
Perce, perce,
Qu'ça n'fe fait pas mieux en Perfe,
Qu'à Paris.

ISABELLE.

J'AIM'ROIS mieux t'êtr' Sœur Converfe,
Qu'd'aller au Miffipipi ;

(*b*) Pour voifine.   (*c*) Pour piéce.

A LÉANDRE.

QUOIQU' jaim' rois taſſez la Perſe,
Perſe, Perſe,
Si l'on étoit mieux en Perſe
Qu'à Paris.

GILLES BRAILLARD, *au Parterre.*

N'faut pas tant s'gouailler d'la Perſe ;
Y a d'bonn' choſe' en tout Païs ;
Conv'nons qu'un Bacha de Perſe,
Perſe, Perſe,
A queut' choſe de plus en Perſe,
Qu'à Paris.

XV.

CHANSON

D'UN GILLE DE PARADE,

a qui l'on demandoit quelque Impromptu soigné.

Même Air que cy-dessus.

On me dit : » Fais quelque Rime !
» Tout ici doit t'animer ;
» L'Esprit, pour être sublime,
 » Lime, lime ;
Mais l'Esprit s'use à limer
 Plus qu'à rimer.

Nous sommes à *Bagatelle* ;
Et je puis vous annoncer,
Que j'ai quelque Bagatelle,
 Telle, telle,
Qu'on peut bien vous la glisser,
 Sans vous blesser.

Le Plaisir sçait que j'déloge,
Il m'a dit à mon réveil,
» Veus - tu loger où je loge?
» Loge, loge,
» Loge où loge M *****!
» Suis mon conseil!

XVI.
BOUQUET
DE LUBIN A SON ANNETTE. (a)

Sur l'Air - De Dagobert en France.

CHACUN te donne affez de fleurs, Sans

en chercher enco - re ; Laiffons les

odeurs, les couleurs, Et l'at-ti-rail de

Flo - re ; Je veux, par un don de mon

(a) Cette Chanfon qui fervoit d'explication à un Portrait donné dans une Boëte d'or, & de forme ronde,
fut chantée à Table.

J'ai dû te préfenter ce don,
Sous une forme ronde;
Puifque ton petit air fripon
Nous enchante à la ronde;
Le Plaifir fait fa ronde ici,
Bacchus y fait fa ronde auffi;
On chante en rond,
Et tout eft rond
A cette table ronde.

Lᴜʙɪɴ est rond, mais sa rondeur
Fit arrondir la tienne;
On ne maigrit pas quand le cœur
Ne sent aucune peine;
Et pour te faire un Compliment,
Tu sçais de reste qu'il s'y prend
Si rondement,
Si rondement,
Qu'il faut qu'il t'en souvienne.

Sɪ l'on a secondé ses Vœux,
Oh! ma petite Annette!
Tu dois voir qu'il fixe les yeux,
Sur tout ce qu'il souhaite;
Et tu sçais aussi bien que Moi,
Qu'il porte un cœur de bon aloi,
Et tout à toi;
Oui, tout à toi;
Oui, ma petite Annette.

Rɪᴇɴ

RIEN n'eſt, dit-on, ſi pur que l'or;
Mais mon Ame ravie,
Eſt peut-être plus pure encor
Aux regards de ma Mie;
Voi ces liens, ces nœuds flatteurs (*a*)
Faits pour enchaîner nos deux cœurs!
Ce ſont des fleurs,
Ce ſont des fleurs
Dont j'embellis ma vie.

(*a*) Alluſion à des Guirlandes de Fleurs qui entou-
rbient le Portrait.

XVII.

LES PANTINS,

OU

LA PETITE FILLE. (*a*)

*Sur un Air - de M. L***.*

(*a*) Cette Chanſon fut faite dans le tems où les Pantins (qui ſont, comme on le ſait, de petites figures que l'on faît gambader à l'aide d'un fil) étoient fort à la mode.

Sçachez où l'on vend, De quoi
me donner autant de contentement !
Le dessein qui fait que dans sa cham-
- brette, Ma Mere, en cachette, s'enfer-
me, chaque matin ; A la fin, J'en ai
per-cé le mif-te-re ; Tenez : c'eft pour
fai-re dan-fer fon jo-li Pantin.

E ij

J'AI vu tout
Par le trou de la ſerrure ;
Pantin, je vous jure,
Pour lui m'a donné du goût ;
Tu danſois,
Pantin ! tu ſautois ſans ceſſe ,

Avec tant d'adreſſe,
Qu'en moi - même je diſois:
» Ah ! mon Pere !
» Qu'il eſt donc plaiſant, &c.

AISÉMENT
Du jeu j'apprendrai l'uſage ; .
Fillette, à mon âge,
Retient ſi facilement !
Une fois
A Maman je l'ai vu faire ;
Comme elle, mon Pere,
Je m'en tirerois, je crois,
Ah ! mon Pere !
Qu'il eſt donc plaiſant, &c.

MAINTES fois
Pantin ſaute & ſe tourmente ;
Maman n'eſt contente
Que quand il eſt aux abois.
Oui vraiment,

Elle a (tant elle eſt lutine !)
Caſſé la machine
Qui le met en mouvement.
Ah ! mon Pere !
Qu'il eſt donc plaiſant,
Qu'il eſt donc divertiſſant,
Le jeu de ma Mere !
Ah ! mon Pere !
Sçachez où l'on vend,
De quoi me donner autant
De contentement !

XVIII.
COMPLIMENT
DE CLOTURE. (a)
VAUDEVILLE

Sur l'Air - Sans compliment.

(a) Ce Vaudeville terminoit un Compliment de clôture, dans lequel une Troupe de Société avoit fait des
reproches aux Spectateurs, sur ce qu'ils n'avoient pas
préparé de Compliment, pour la remercier du plaisir que
leur avoient procuré les différens Spectacles qu'Elle avoit
donnés.

E iv

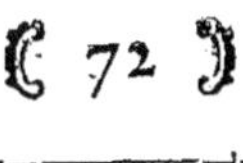

Et nos re‑grets & notre deuil;

A vos plai‑firs quand on fe prête,

E‑prouver que le fen‑ti‑ment,

Chez vous n'a pas un in‑terprè‑te !

C'eft nous trai‑ter af‑fu‑ré‑ment,

Sans compliment, fans compliment.

DE NOUS quand à peine on s'occupe,
Le Talent s'éveille & se sent;
La modestie est une dupe
Qui n'est plus de mode à présent;
Imitons la Philosophie (*b*)
Qui nous prouvoit, dans le moment,
Que se rabaisser est folie;
L'encens est si doux! prenons-en
Sans compliment! (*bis*)

UN ACTEUR A UNE ACTRICE.

QUEL feu dans *Agnès*, dans *Lisette!*

UNE ACTRICE AU MÊME ACTEUR.

Vous, en *Assesseur*, quel talent!

UN ACTEUR AUX ACTRICES,
(*qui remercient par une révérence.*)

Ici chaque Actrice est parfaite;

____

(*b*) Désignant un Acteur qui avoit joué le Rôle de
Maître de Philosophie dans le Bourgeois Gentilhomme.

UN ACTRICE AUX ACTEURS,
qui rendent la révérence.

Et chaque Acteur eſt excellent;

LE DIRECTEUR AUX ACTRICES.

A votre jeu tout rend les armes;

LES ACTRICES AU DIRECTEUR.

Dans le vôtre que d'agrément!

TOUS LES ACTEURS AUX ACTRICES.

Nos talens ſont…, comme vos charmes,
Fort au-deſſus du Compliment.

LES ACTRICES.

Sans Compliment ?

LES ACTEURS.

Sans Compliment.

QUEL jeu naturel nous annonce
Lucas ! de même que *Criſpin,* (c)

(c) Acteur que l'on taxoit de ne pas attendre ſa
réplique pour parler.

Qui preſte à ſaiſir la réponſe,
Ne reſte jamais en chemin !
Jugez encor ſi l'on oublie
Notre *Forlis*, Acteur charmant !
Raiſon, *Pédantiſme* ou *Folie*,
Par lui rien n'eſt peint foiblement;
 Sans Compliment; (*bis*)

DANS les Eloges qu'on nous prête,
Loin de négliger les Abſens,
Juſqu'aux talens *à la bavette*,
Chez nous méritent leur encens;
Babet, (*d*) ton jeu vif & folâtre;
Nous peint celui d'une Maman
Qui ſçut, en quittant le théâtre,
Au moins lui former un talent.
 Sans Compliment; (*bis*)

(*d*) Jeune enfant qui avoit joué avec beaucoup de ſuccès le Rôle de Babet dans la Fauſſe Agnès, & dont la Mere avoit, depuis quelques années, renoncé à jouer la Comédie qu'elle jouoit ſupérieurement.

Il est encore une *Soubrette* (e)
Bien digne des honneurs du jour ;
Car son talent fait qu'on la prête
Pour le service de la Cour ;
Si *Lucile* (f), en qui tout enchante,
Etoit ici dans ce moment,
Nous fêterions sa voix touchante,
Qui sçait tout peindre ingénûment :
   Sans Compliment ; (*bis*)

Tout suffrage doit satisfaire ;
Tel qui dit le contraire, ment.
Mais nous songions Tous à vous plaire,
Bien moins qu'à notre amusement ;
Quand nos plaisirs trompent les vôtres
Votre ennui nous prouve aisément,
Qu'on songe à soi plutôt qu'aux autres :
Aussi vous fais-je un Compliment,
   Sans Compliment,
   Sans Compliment.

(e) Dame que son service auprès d'une Princesse retenoit à la Cour.

(f) Jeune Dame qu'une indisposition avoit empêché d'assister au Compliment de clôture.

XIX.

COMPLIMENT

DE PARADE. (a)

Sur l'Air - Boire à son tirelire lire.

LÉANDRE.

(a) Ce Compliment fut adressé par les Acteurs de Parade à un Seigneur de Village, & servit de Compliment de clôture à leur Spectacle.

CASSANDRE.

J'fuis trop vieux pour que je
Puiss' fair' ou Vers ou Profe ;
Mais dans l'moment ou ç'que
Chacun vous gliss' queuqu' chofe,
Pour être Auteur,
J'fçais par bonheur,
Qu'i' n'faut qu'un tirelire, &c.
Qu'i' n'faut qu'un cœur.

ZIZABELLE.

DRÈS qui se montre au Villag'
Dont j'sçavons tous qu'c'est l'Seigneur;
Chacun s'tient sus sa port'
Et tout' les Femm' des Bourgeois
    S'dis' quand il y entr',
    J'l'aim' parç' qu'i' montr'
Un ben bon tirelire, &c.
    Un ben bon cœur.

GILLES (*Niais.*)

Je n'lui disons qu'un rien;
Mais j'voyons qu'ça l'dérange;
Pourtant ça n'est pas bien
De n'point zaimer la louange!
    Faut qu'un Seigneur,
    Voie en douceur,
Ç'qui part du tirelire, lire, &c,
    Ç'qui part du cœur.

ZIZABELLE (*au Parterre, d'un ton précieux & minaudier.*)

Si queut-zun v'noit vous dir'
Qu'les gratieus'tés que j'lâchons
C'eſt zeune magnier' de gouaill'
Et qu' nos cœurs ment'nt comm' des chiens,
J'vous pri' (*b*) ten grac'
Qu'il ait eun' giffl' (*c*)
A lui fair' toureloure, loure,
Voir plus d'vingt tirelire, lire,
Plus d'vingt chandell'.

(*b*) Pour prie.
(*c*) Mot trivial, qui déſigne un ſoufflet.

AUTRE

AUTRE

CHANTÉ PAR UN GILLE BRAILLARD. (*a*)

Sur le même Air.

JAMAIS je n'finirons ,
Si j'voulons tout vous dire ;
Mais t'nés , quand j'fomm' fi longs ,
J'n'y pouvons plus fuffire ;
    Trop de longueur ,
    Dans un Acteur ,
Vous ufe un tirelire , lire ,
Vous ufe un toureloure , loure ,
    Vous ufe un cœur.

(*a*) Ce Couplet terminoit un Compliment de Parade adreffé aux Spectateurs , le jour de la clôture des Spectacles.

XX.

AFFICHE

SUR UN CHIEN PERDU. (a)

Sur un Air de l'Auteur.

(a) Cette Chanson fut demandée à l'Auteur pour une jeune Dame qui avoit perdu son Chien.

Il est pe - tit dans sa fa - çon;
On le re-con-noî-tra sans pei-ne;
Sa tête est cour-te, Son col long,
Et même gar-ni de sa chaîne.
Mon Tou-tou, j'en fais mon bi-jou;
Faut-il qu'on me le re-tien-ne!
Mon Toutou, J'en fais mon bi-jou;

F ij

ON ne l'entend point abboyer;
Mais d'une façon plus honnête,
Dès que quelqu'un sçait l'ennuyer,
Il le boude, en baissant la tête.
  Mon Toutou, &c.

RIT-ON avec ce petit Foü,
Il fait des bonds & se redresse :
On le prendroit pour un Matou,
A la force dont il caresse.
  Mon Toutou, &c.

IL reconnoît le soin que j'ai
De parer tous les jours sa niche;
Aussi n'est-il jamais plus gai,
Que quand je veux bien qu'il se niche.
  Mon Toutou, &c.

ENTRE tous les talens qu'il a,
Il chasse au Gibier par merveille;
Mais je lui défends ces jeux-là;
Je crains le bois pour ses oreilles.
    Mon Toutou, &c.

LA rue où l'on s'adressera,
On l'appelle, du bout du monde;
A ma porte même on verra,
Que comme l'eau l'ombrage abonde.
    Mon Toutou, &c.

A qui me le ramenera,
Je fais afficher pour salaire,
Que, tout aussi-tôt, il fera
Voir en détail son sçavoir faire.
    Mon Toutou,
    J'en fais mon bijou;
Faut-il qu'on me le retienne!
    Mon Toutou,
    J'en fais mon joujou;
Qui l'a trouvé, le ramene!

XXI.

L'ALPHABET

DE FRESNES. (a)

Sur l'Air -

D'VANT Vous, qui ne s'roit *abaif-fé!*

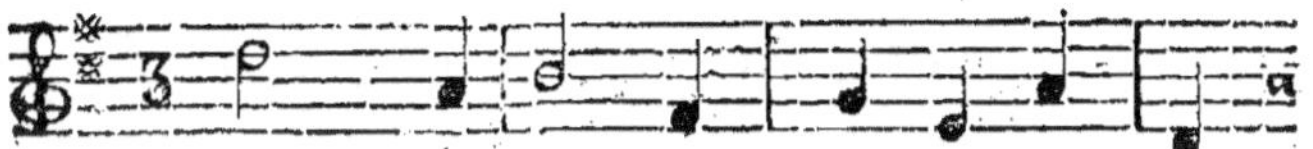

Auf - fi j'sens qu'ma voix *a baif-*

fé, En paroiffant d'vant Vot'Al-teffe;

(a) En 1755 S. A. S. Monfeigneur le Comte de Clermont ayant établi des-Ecoles de Charité à Frefnes, petit Village près de Berny, on faisît l'occafion de la Fête de ce Prince, pour lui donner une idée de l'ufage que faifoient de fes bienfaits, les Payfans de Frefnes, pour qui cet Alphabet fut compofé.

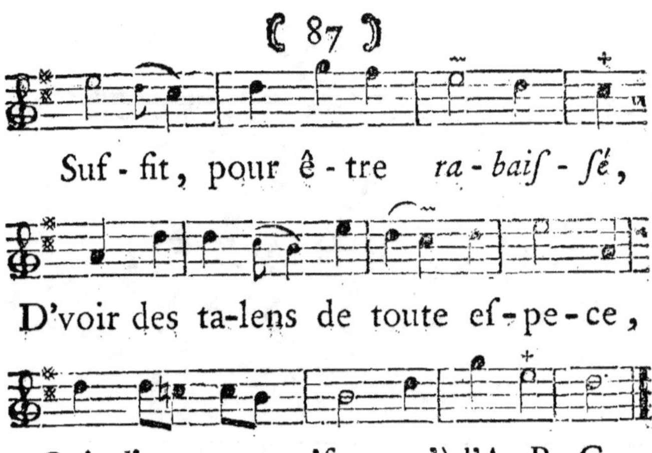

D.

D'Bouquets Vous d'vez être excé*dé* ;
Quand vous voyez qu'c'eſt à nous l'*dé*,
Dit' nous ? qu'en penſe Vot' Alteſſe ?
Dam' à not' zèl' j'avons cé*dé*.
Si Vous nous voyez ſans rudeſſe,
Ah ! Monſeigneur , quel procé*dé !*

E.

L'ESPRIT dont Vous êtes dou*é*,
Mérite bien d'être lou*é* ;
Et , je l'diſons d'vant Vot' Alteſſe ;
Si jamais j'fuſſions échou*és*,
Dans un Compliment d'cette eſpece,
Not' cœur nous eût déſavou*és*.

F.

U n Grenadier m’difoit : » En *ef*
» Laiss’ moi rimer ! (Quoique j’s’rai br*ef*,
» De peur qu’un brin d’Elog’ ne l’bleffe ;)
» Mais r’tiens ça d’moi ! » Quand j’l’ons pour Ch*e*
» Tous les Ordres qu’il nous adreffe,
» Vienn’ d’un grand cœur & d’un bon ch*ef.* (*b*)

G.

» T i e n s , m’difoit-i’ ; le regret qu’j’*ai* ,
» C’eft qu’j’*ai* vu fouvent plus d’un *Geai*,
» Paré des plum’ de fon Alteffe ;
» Dans fa gloire ils ont parta*gé.*
» Un laurier qu’fa bonté leur laiffe,
» Groffit beaucoup leur abré*gé.*

H.

A chacun d’vous j’dis là ç’qu’il fçait ;
A chacun j’dis l’bien que l’Prince fait,
Que chacun voit, que lui feul *cache* ;
A chacun d’Ceux qu’par un bienfait

____

(*b*) Montrant fa tête.

Ç'bon Maître *à chaque* jour s'att*ache*,
Ma Chanson peint mal son portrait.

I - K.

VOUS voyez des cœurs bien *unis*,
Et des Complimens tout *unis*,
Et tous, faits pour vous satisfaire ;
Daignez en faire un peu de *cas !*
Si jamais j'eum' desir de plaire,
Ah ! Monseigneur, c'est bien là l'*cas !*

L.

LOIN de nous ces Guerriers cru*els* ,
Qui nous font périr plus d'mort*els* ,
Pour êtr' mis plus tôt dans l'histoire !
L'Princ' dit , dans son cœur Patern*el* ;
» Trop de sang répandu noy' (c) la gloire ;
» Foin d'un Conquérant, s'il n'est t*el* !

M.

AIMÉ d'l'Officier, du Soldat,
Aimé des vrais Amis d'l'État ,

______

(c) Pour noye.

Qui sçav' qu'il le sert comme il l'*aime* ;
Aimé par nous, *aimé* par - tout,
Et moins pour son rang, qu'pour Lui-Même,
Et moins par respect que par goût.

N - O.

E*NN'*MI d'la crainte, il n'craint pas l'feu,
E*nn'*mi d'sAnglois, c'est pour ça que
L'Princ' vous l'sa rincés en bons Freres ;
Il aim'roit mieux suer sang & *eau*,
Que de n'pas r'sembler à ses Peres,
Dont la gloir' se lit dans *Henault*.

P - Q.

S O U V E N T l'Auteur le plus hu*pé*,
D'un Compliment trop occu*pé*,
Rat' le sujet qui l'intéresse ;
Il s'roit dur d'être convain*cu*,
Qu'en voulant fêter Vot' Altesse,
On a *peté* plus haut que l'*Q*.

R.

N'croyez pas que j'nous donnions l'*air*
D'vous fair' des Complimens en l'*air* !

Pour les fair’ bons j’ons l’néceſſaire ;
L’ſujet n’manqu’ pas, rien n’eſt ſi cl*air* ;
Mais, ç’n’eſt pas l’tout qu’d’être ſinc*ere*,
Il faut encore en avoir l’*air*.

S-T.

Est-ç’qu’on voit plus d’humani*té* !
Eſt-ç’qu’on voit plus de bénigni*té* !
Eſt- ç’qu’on voit un’ aut’ Vot’ Alte*ſſe* !
Eſt-ç’qu’un’ Sœur de la Chari*té*,
*E*ſcrimeroit ſans ça ſa tendre*ſſe* ?
Eſt-ç’aſſez ſentir Vot’ bon*té* ?

U.

*D*EPUIS que j’ſçavons lir’ (*d*) j’ons l*u*,
Que les Quarant’ Vous ont él*u* (*e*)
Pour être de leur Confrérie ;
On ſçait qu’tout honneur Vous eſt d*û*.
Mais ç’lui-là n’ſe rend qu’au génie ;
C’eſt pour ça qu’ils Vous l’ont rend*u*.

(*d*) Pour lire.

(*e*) En 1754 ce Prince avoit été élu de l’Acadé-
mie Françoiſe.

X - Y.

Vous dont l'cœur si bien rime en *x*,
Puisque des cœurs c'est le Phénix,
Permettez-vous qu'on vous répete,
Sans être ni Latin, *ni Grec*,
Qu'avec ç'cœur là, sur plus d'un' tête,
Sans peine on planteroit l'*y*.

Z - &.

Si quelqu'un critiquoit nos Vers,
(N'faut pour ça qu'un Esprit d'travers,
Pour ne pas dir' fait comme un *z* ;)
J'lui dirois qu'en un jour com'ça,
N'faut jamais recourir aux *Aides* ;
Vaut mieux mettre un *&c.*

XXII.

CHANSON

A UN SEIGNEUR

DE VILLAGE,

*Qui n'avoit pas voulu que l'on plantât le Mai
à sa porte, avec les cérémonies ordinaires.*

*Sur l'Air - Que l'on ignore qui de nous deux
pousse un soupir.*

DANS ce beau jour chacun par-ta-ge

La dou-ceur de planter le Mai;

Et chaque Dame de Vil-la - ge

En a l'air plus ouvert, plus gai;

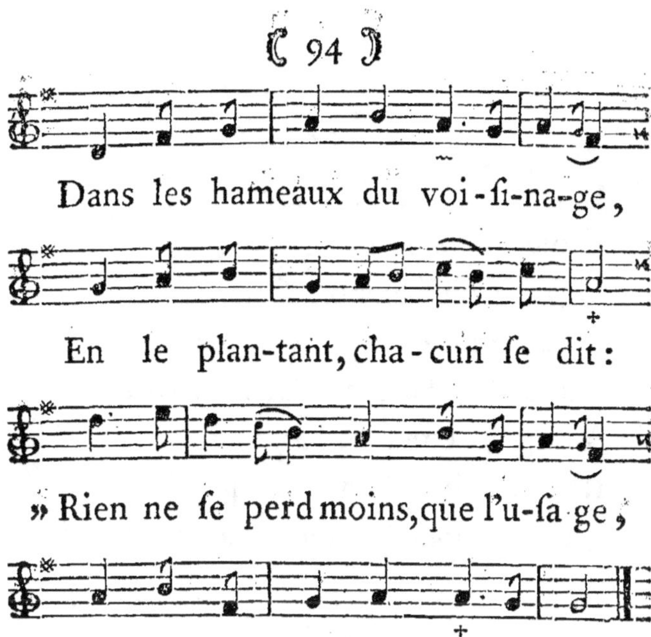

» Que le cœur lui-même a prescrit.

IL n'est point de main mal - adroite,
On l'ajuste, on le plante, il tient;
Puis l'on se dit : » Oh ça . . . qu'on guette !
» Tien - toi prêt ! v'la qu'la Dame vient.
Puis vient la Dame du Village ;
Puis l'on observe qu'elle rit
De voir chacun, fort sur l'usage,
Qu'on sçait que le cœur a prescrit.

Ici plus d'une voix foupire,
D'ofer à peine le chanter;
Chacun auffi femble fe dire:
» C'eft moins encor que le planter;
» Laiffer fon Seigneur fans hommage,
» Afflige le cœur & l'efprit:
Rien ne fe perd moins que l'ufage,
Que l'Amour lui-même a prefcrit.

A l'Oifeau que fert fon ramage,
S'il n'ofe chanter le Printems?
Et des fleurs quel eft l'avantage,
Si l'on néglige leurs préfens?
Que feroit ce jour fans l'hommage,
Qui feul à nos yeux l'embellit?
Rien ne fe perd moins que l'ufage,
Que le cœur lui-même a prefcrit.

XXIII.
EXTASE
DU BEAU LIANDRE,

VIS-A-VIS

DE LA CHARMANTE ZISABELLE,

après l'heureux dénoûment de ses Amours. (a)

Sur l'Air - C'est ma Mie j'la veux.

G NIA rien, dans la vi - e, Tel que

les Amours ; Jamais on n's'ennuye

(a) Cette Chanson est faite pour être jouée dans le caractere du Rôle de Léandre, c'est - à - dire , avec l'affectation la plus marquée, & l'enthousiasme le plus ridicule.

Zavec

Za-vec leurs fecours. Gnia qu'un' (*b*)

chofe à fai-re, Pour fe rendre heureux ;

» Lorfque lon fçait plaire, Faut zêtre

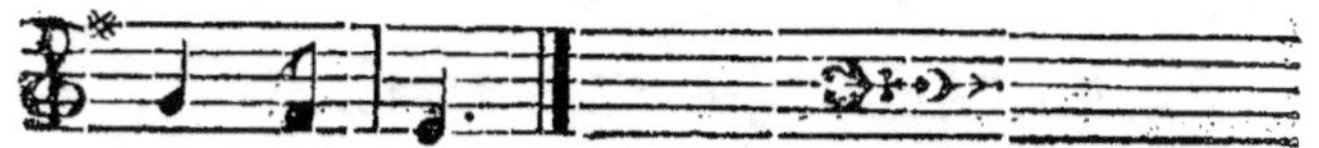

a - moureux.

J'A I zune Maîtreffe ;
Qui fait mon bonheur ;
Alle eft plein' d'adreffe ,
Pour gâgner zun cœur ;
C'eft zune Brunette
Qui fait ben ç'qu'all'fait ;
C'eft zun gand , qui prête ;
Tout comme il me plaît.

_____

(*b*) Pour qu'une.

Tome III.   G

ZELLE a fait la fiere,
Pendant près d'un jour;
C'eſt là la magniere
D'éprouver l'Amour;
Enfin j'ai ſçu prendre
Son heureux moment !
Qu'eſt-ç'qui peut s'défendre,
D'un fidele Amant !

MONSIEUR ſon Cerbere (c)
Vouloit m'la r'fuſer;
Mais j'n'en avions qu'faire
Pour nous épouſer :
Elle eſt zaſſez grande
Pour ſonger zà ça;
Zil faut ben qu'on s'rende
Zà ces raiſons-là.

____

(c) En montrant le bon homme Caſſandre, tuteur
d'Iſabelle.

XXIV.

RÉPONSE

DE LA CHARMANTE ZISABELLE,

A MONSIEUR

SON BIAU LIANDRE,

dans les premiers accès de joye de leur mariage.

Sur l'Air - Pour voir un peu, pour voir un peu
comment ça fra.

J'AI l'cœur fait pour el' (c) fentiment,
Il eft fidel' dans fa nature ;
J'fçais qu'vous m'aimez, mon cher Zamant;
Ça m'fait plaifir ; mais faut qu'ça dure :
Effayez tà m'trumper fur ça,
Pour voir un peu (*bis*) comm'ça s'pass'ra ?

(*a*) Pour fur.
(*b*) Pour digne.
(*c*) Pour le.

Y a des gens qui, dans leur ardeur,
Quand zun queut' chose les arrête,
Pour s'excuser de leur froideur
Ont zun' magnier d'excuse prête ; ...
J'en sçais long sus ç'tarticle là ;
C'est pas tà moi (*bis*) qu'on fait croir' ça.

XXV.
COUPLETS
DE CASSANDRE,

Dans la Parade du Diable s'en mêle.

Sur l'Air - Des Fraises.

Sur l'amour dont j'ai brûlé, Le (a)

Diable a fait main-baſſe ; Mais j'en

ſuis tout con -ſo -lé ; Car depuis que

j'ai trem-blé, Ça s'paſſe, Ça s'paſ-

(a) Le Diable l'avoit forcé de céder Ziſabelle à
Léandre.

Y a tout plein d'Nos merveilleux,
Dont l'Amour a bonn' grâce,
Qu'ont (b) l'*Diable au corps*, dans les yeux ;
Qu'après un moment ou deux,
Ça s'paffe. (*bis*)

COUPLETS AUX DAMES,

Pour excuſer le genre de la Parade.

LA Folie a bien ſouvent
Chez l'Eſprit trouvé grâce ;
Devant maint objet charmant,
Hauffer la gaîté d'un cran ;
Ça s'paffe. (*bis*)

(b) Pour qui ont.

G iv

XXVI.

LA FILEUSE (a),

Sur un Air de M***.

(a) Il faut, dans cette Chanson, rendre le ton précieux & affecté d'un Petit-Maître, & l'air gauche &
sournois d'une fausse innocente, à qui le Petit-Maître
finit par faire entendre raison, au point qu'il la met dans
son tort.

» JE viens, dit-il, dans ce bocage
» Admirer, ſentir, exprimer,
» Admirer ce gentil corſage,
» Sentir qu'il a l'art de charmer,
» Exprimer le feu qu'il m'excite.
   Elle interdite, &c.

» LA belle main qu'a Marguerite !
» Les beaux petits doigts que voilà !
» Le joli... Mais, mais, ma petite,
» L'œil ſe perd ſur ces beautés là,
» Ah ! que vous avez de mérite !
   Elle interdite, &c.

» V O U S filez, à ce qu'il me semble ?
» Allons, levez votre trousseau ;
» Il faut que nous filions ensemble :
　 Aussi - tôt il prend le fuseau ;
　 Il file devant Marguerite.
　　　 Elle interdite , &c.

» S ç A I S - J E bien mener la quenouille ?
» Ce lin, sçais - je le ménager ?
» Voyez - vous comme je le mouille ?
» N'ai - je pas le doigt bien léger ?
» Dites votre avis, Marguerite ?
　　　 Elle interdite , &c.

V O U S ne filez pas assez vîte,
Il faut tourner plus que cela ;
» Vous trouvez cela Marguerite ?
» J'ai tourné ; tourne qui pourra.
» Votre Serviteur , Marguerite.
　　　 Elle interdite , &c.

XXVII.

DUO.

LES FAISEUSES

D'IMPROMPTU. (a)

Sur l'Air - De la Contredanse figurée de l'ancien Vaux-hall.

A demi-voix, & sans vitesse.

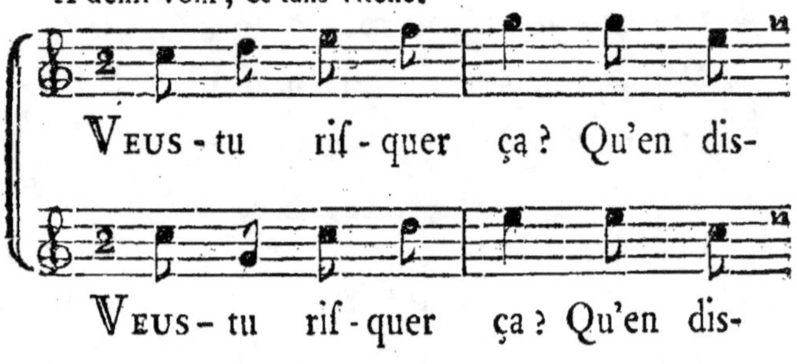

(a) Pour saisir l'idée de ce Duo, il faut se représenter deux jeunes Personnes qui se présentent avec un peu d'embarras, pour chanter un Duo au Seigneur du Village. Au moment de commencer ce Duo, elles s'apperçoivent toutes deux qu'elles l'ont oublié ou perdu; ce qui les détermine à faire un impromptu, & à s'indiquer à cet effet les rimes dont elles ont besoin.

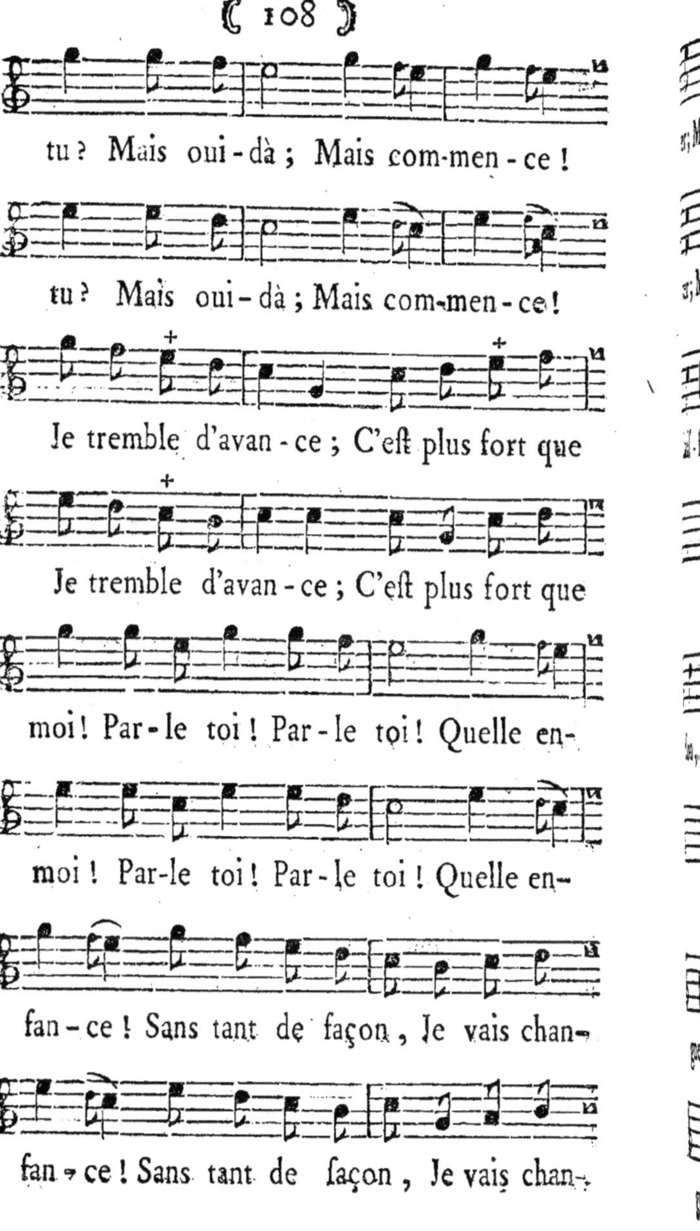

tu ? Mais oui - dà ; Mais com-men - ce !
tu ? Mais oui - dà ; Mais com-men - ce !
Je tremble d'avan - ce ; C'est plus fort que
Je tremble d'avan - ce ; C'est plus fort que
moi ! Par - le toi ! Par - le toi ! Quelle en-
moi ! Par-le toi ! Par - le toi ! Quelle en-
fan - ce ! Sans tant de façon, Je vais chan-
fan - ce ! Sans tant de façon , Je vais chan-

ter ; Mais tais-toi donc ! Eh non,
ter ; Mais tais-toi donc! D'abord
Hauffant la voix.
laif - fe moi di - re ! C'eft u - ne chan-
Fouillant dans fa poche.
fon ,... Je viens de l'é - cri - re. Mon-fei-
Fouillant dans fa poche.
Mon - fei-
gneur, C'eft un Du - o, Sur un air nou-
gneur, C'eft un Du - o, Sur un air nou-

veau ; Qu'est-il de-ve-nu ?   L'as-
veau ;   Quel em-barras !
tu ? Je l'ai per-du. Rifquons l'Impromp-
Je l'ai per-du. Rifquons l'Impromp-
-tu, Qu'en dis-tu ? Le veus-tu ? Oui ; com-
tu , Qu'en dis-tu ? Le veus-tu ? Oui ; com-
-men-ce ! Je tremble d'a-van-ce ;
-men-ce ! Je tremble d'a-van-ce ;

C'eſt plus fort que moi ; Par-le toi ! Par-le
C'eſt plus fort que moi ; Par-le toi ! Par-le
toi ! Quel-le enfance ! Sans tant de fa-
toi ! Vas com-men-ce, Sans tant de fa-
-çon, Je vais par-ler ; Ai-de-moi donc.
-çon ! Je t'ai-de-rai ; Commence donc !
Le mois ;... Tout nous inſ-pire ; Croit-on
Le jour ;...

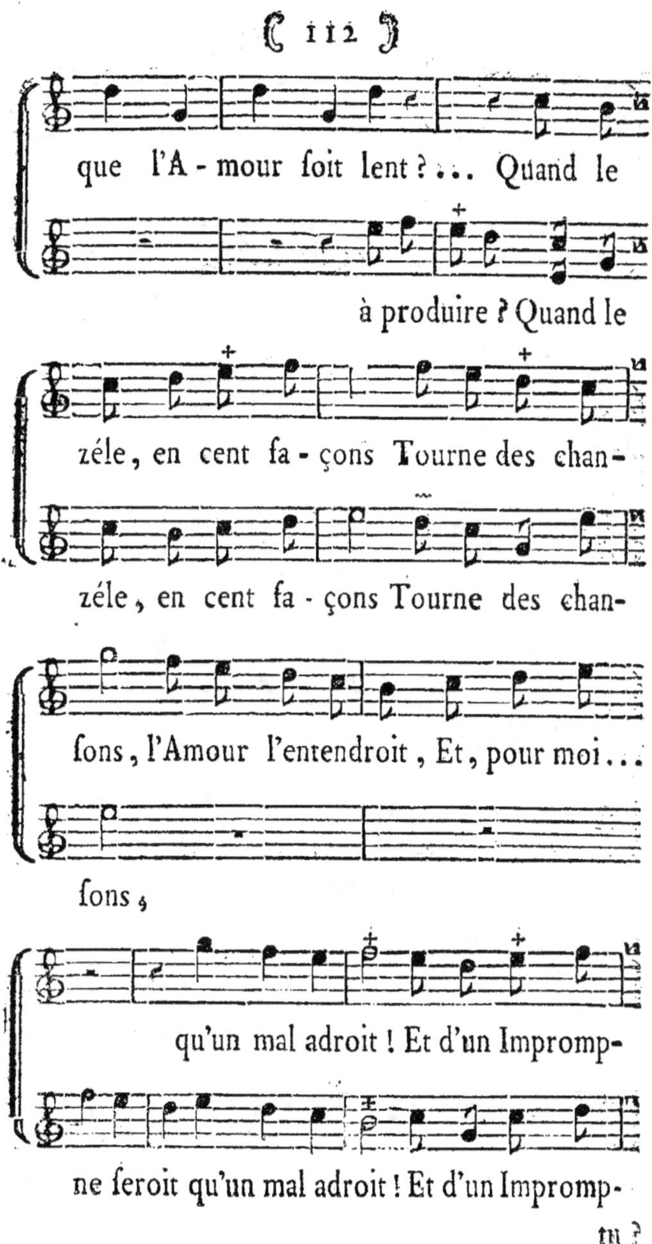

que l'A - mour foit lent ?... Quand le
à produire ? Quand le
zéle, en cent fa - çons Tourne des chan-
zéle, en cent fa - çons Tourne des chanfons, l'Amour l'entendroit, Et, pour moi...
fons,
qu'un mal adroit ! Et d'un Impromp-
ne feroit qu'un mal adroit ! Et d'un Impromptu ?

tu ? Qu'en dis-tu ? Qu'en dis-tu ? Plus j'a-
tu ? Qu'en dis-tu ? Qu'en dis-tu ? Plus j'a-
-van - ce, Plus j'ai d'aſ - ſu - ran - ce :
-van - ce, Plus j'ai d'aſ - ſu - ran - ce :
Ça, compte ſur moi ; C'eſt à toi, C'eſt à
Je compte ſur toi, C'eſt à moi, C'eſt à
toi ; Vas, com-men - ce, Sans tant de fa-
moi. Je com-men - ce, Sans tant de fa-

Tome III.   H

çon ! La peur n'eſt qu'un porte - guignon.
- çon ; La peur n'eſt qu'un porte - guignon.
Ne coûte gue - re,
Pe - tit Cou - plet.... Quand le
où nous le fait faire : Que ce
cœur le fait.... Que ce
cœur ſe - ra con - tent, S'il peut, un inſ-
cœur ſe - ra con - tent, S'il peut, un inſ-

- tant , . . .   Offrir , à vos de-
charmer vos loi - firs , . . .
- firs , Nouveaux plaifirs ! Encore un cou-
Nouveaux plaifirs ! Encore un couplet ! Ça vaut fait ; Ça vaut   fait ; Le re-
- plet ! Ça vaut fait ; Ça vaut   fait ; Le re-
- fai - re N'eft pas une af - fai - re ;
- fai - re , N'eft pas une af - fai - re ;

H ij

Je ré - pé - te - rai , Double-rai , Triple-
Je ré - pé - te - rai , Double-rai , Triple-
-rai ; Pour lui plai - re tout devient ai-
-rai ; Pour lui plai - re tout devient ai-
-fé , Jamais le cœur n'eft é - pui - fé.
-fé , Jamais le cœur n'eft é - pui - fé.
L'on voit l'oifeau chanter fans

Comble ſes
H iij

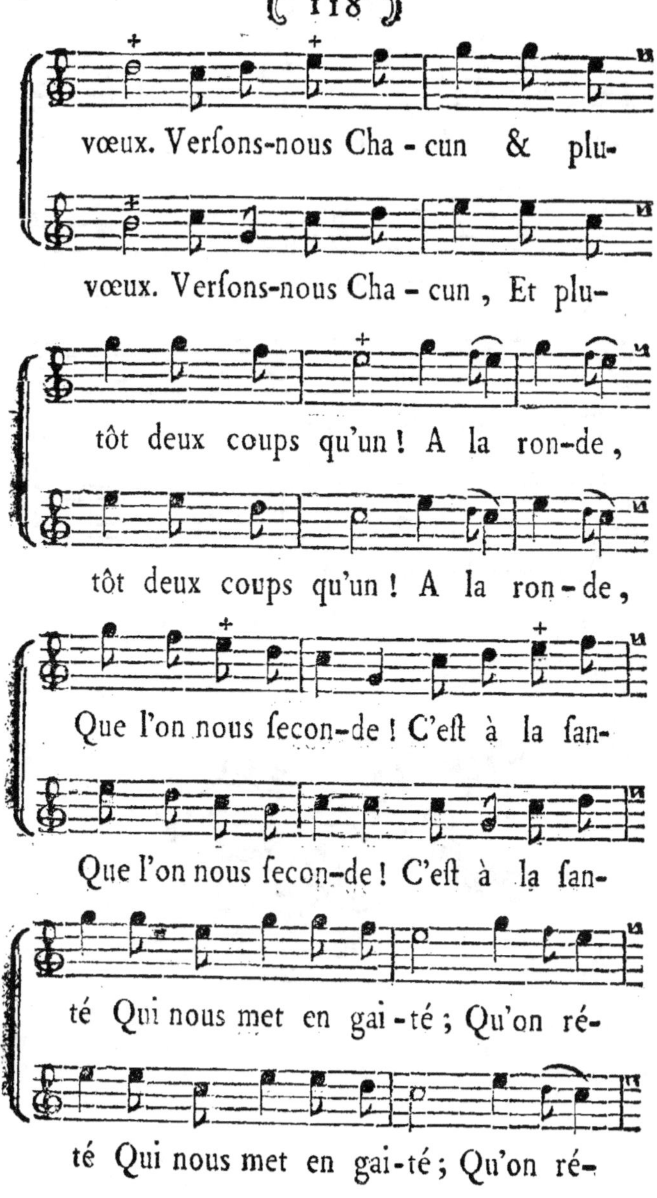

vœux. Verſons-nous Cha - cun & plu-
vœux. Verſons-nous Cha - cun , Et plutôt deux coups qu'un ! A la ron-de,
tôt deux coups qu'un ! A la ron-de,
Que l'on nous ſecon-de ! C'eſt à la ſan-
Que l'on nous ſecon-de ! C'eſt à la ſan-
té Qui nous met en gai -té ; Qu'on ré-
té Qui nous met en gai -té ; Qu'on ré-

-pon-de ! Ainsi, Monseigneur, Doit finir
-pon-de ! Ainsi, Monseigneur, Doit finir
l'Impromptu du cœur.
l'Impromptu du cœur.

H iv

XXVIII.

JEAN ET NINA,

o u

L'ESSAI DES TRAITS DE L'AMOUR.

Parodie fur la Contredanfe de Nina. (a)

(*a*) Cette Chanfon eft de MM. L *** & F ***.
C'eft une efpece de petite Scène dans laquelle le Chanteur doit faire reffortir la naïveté, & le ton gauche
& fournois de deux Payfans ignorans ; de maniere à
faire diftinguer fi c'eft l'Amoureux ou l'Amoureufe qui
parle ; ce que l'on a cherché à défigner par différens
guillemets.

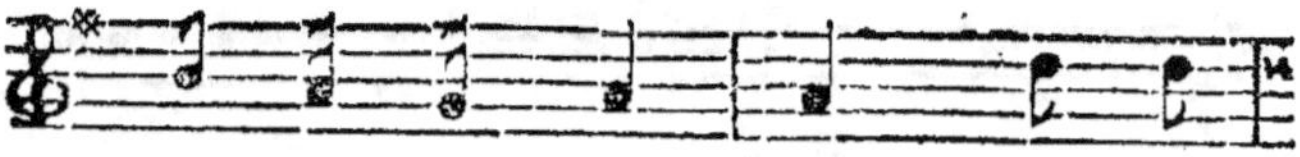

» trou-ve les jours, Courts ; Sans a-

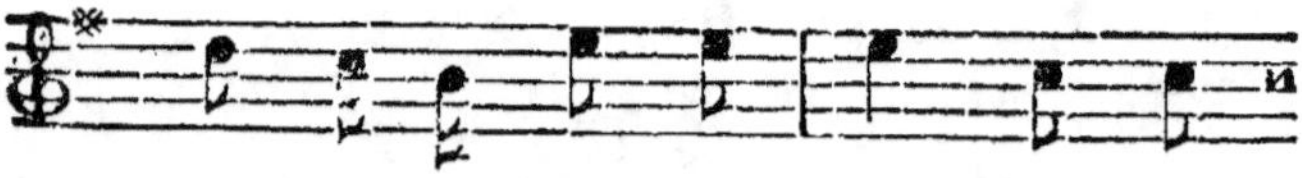

» mans, Nina perd ſon tems ; J'en paſ-

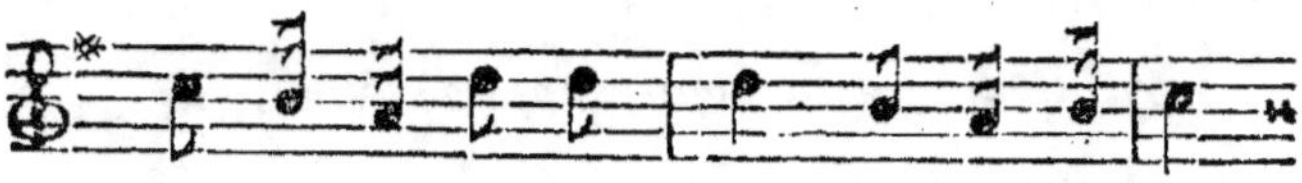

-ſa ; Il en-tendit ça ; Il s'avança,

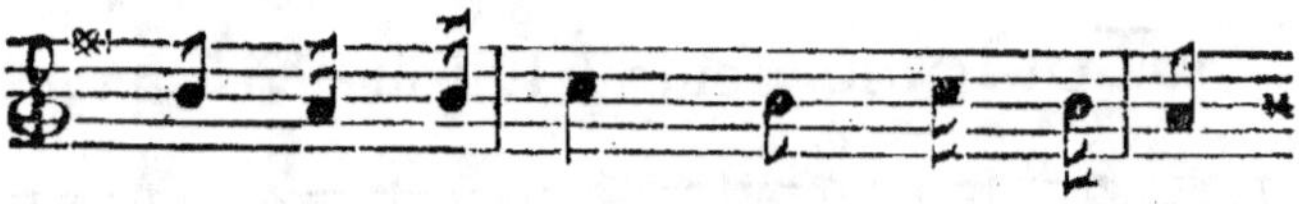

Et s'é - cri - a : = Dam' me voi-là

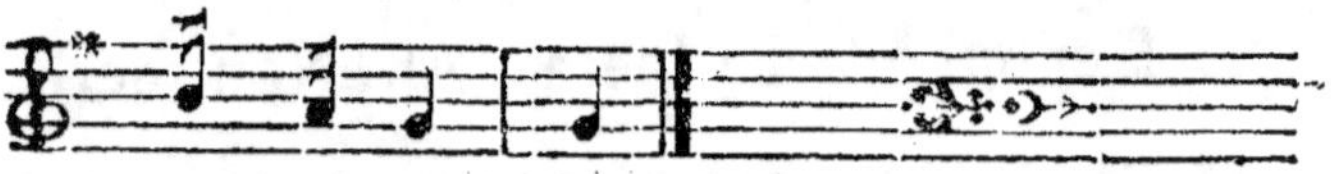

= Me voi-là, là !

NINA court & cherche un réduit ;
Jean voyant qu'elle fuit,
Suit :
Il la joint bientôt dans un bois,
Dont l'Amour fit, cent fois,
Choix ;

Un faux pas,
Qu'on ne prévît pas,
Entraîna
Jean avec Nina.
Il ricana,
Et dît comm' ça :
= Dam' me voilà,
= Me voilà, là !

» MONSIEU JEAN, relevez-moi donc !
Jean répond sans façon ;
= Non ;
= Je prétens dissiper l'ennui
= Qui t'a jusqu'aujourd'hui
= Nui ;
= Sans Amans
= Tu passes ton tems,
= Si, de Jean,
= Ton cœur est content ;
= Jean t'aimera,
= Tant qu'il pourra ; . .
= Dam' le voilà,
= Le voilà, là.

Il veut mettre dans son corcet
Un Bouquet qu'il avoit
Fait ;
» Votre main va je ne sçais où,
» Arrêtez, petit fou,
» Ou ?...
= Quoi, Nina,
= Vous vous fâchez dà !
= C'est envain,
= Et j'irai mon train ;
» Ah ! dit Nina,
» Que faire à ça ?
» Car l'y voilà ;
» Le voilà, là.

= Je serois plus content qu'un Roi,
= Si j'obtenois de toi ....
» Quoi ?
= Un petit baiser amoureux ;
= Pour mieux dire, j'en veux
= Deux.

Le fripon
Les prend sans façon ;

Nina fit
Du bruit. Jean lui dit :
= Jean les vola ;
= Jean les rendra ;
= Tiens, les voilà ;
= Les voilà ; là ?

De nouveau le fournois en prend,
Mais enfuite il en rend,
Tant,
Que Nina fe trouble & rougit;
L'Amour qui la trahit
Rit;
Il arma
Jean contre Nina,
D'un trait fûr
Pour vaincre un cœur dur
Jean l'effaya;
L'Amour cria,
» Bon ! l'y voilà,
» L'y voilà ! là !

XXIX.

CHANSON

Sur l'Air - J'ai Messieurs pour votre nez. (a)

(a) Cette Chanson fut demandée par des Acteurs de Société qui désiroient faire quelques remercîmens au Directeur de leur Troupe. L'Auteur la lui chanta un quart-d'heure après.

IL n'est pas comme ces Acteurs,
   Qu'un peu de peine intrigue ;
Qui difent aux pauvres Auteurs :
   »Trop répéter fatigue ;
Car fur ce point il s'abftient
   D'imiter leur pareffe ;
Bien fouvent même il prévient
   Les befoins de la Piece.

(b) Expreffion dont on fe fert pour défigner un Acteur
dont le jeu eft plein de feu & de chaleur.

XXX.
D U O. (a)

Air de Monsieur Blavet.

(a) Ce Duo fut demandé à l'Auteur, pour être chanté à table devant M. & Madame Martin.

Quand ſa femme lui tend ſon ver - re
Il lui ver - - - - - - -
Quand ſa femme lui tend ſon
ſe il lui ver - - - - - - -
verre il lui ver - - - - - - -
- - - ſe ; Elle a ſon affai - re.
- - - ſe, Elle a ſon affai - re. De tous les
re.

re. Il dit, » Mamour, Ça vous en-
re. Le soir, - - - il dit » Ça vous en-
-dor-mi-ra, Ça vous en-dor-mi-ra, Ça
-dor-mi-ra, Ça vous en-dor-mi-ra, Ça
vous en-dor-mi-ra ; Le matin, cet E-
vous en-dor-mi-ra ; Le matin, cet E-
-veillé là, Sûr qu'un coup de vin lui plai-
-veillé-là, Sûr qu'un coup de vin lui plai-

ra, lui dit, « Ça vous ré - veil-le - ra, Ça
ra, » Mamour, Ça vous ré - veil le - ra, Ça
vous ré - veil - le - ra, Ça vous ré - veil - le-
vous ré - veil - le - ra, Ça vous ré - veil - le-
- ra, Ça vous ré - veil - le - ra, Ça vous ré-
ra, Ça vous ré - veil - le - ra, Ça vous réveil - le - ra.   Il.   ra.
veil - le - ra. Le soir.   ra.

XXXI.

LES MAIS

DE LA PLUIE. (a)

*Sur un Air - de M. L****

C E fut la veille d'un Di-man-che,

(*a*) Cette Chanson fut faite pour une Société qui étoit dans l'usage de planter un Mai à la porte du Seigneur du lieu. Pendant le Dîner il tomba une Pluie si abondante, que l'on fut forcé de renoncer au premier projet. Il fut décidé que l'on apporteroit le Mai dans la Chambre, & l'Auteur fut chargé de faire une Chanson relative à ce contre-tems. Il est nécessaire, dans cette Chanson, faite pour être jouée, de donner un caractere de gaîté différent, à chacune des personnes que lon y met en Scène; & de rendre enfin le tableau de plusieurs Villageoises réjouies qui causent entr'Elles avec action, sur un objet qui les intéresse.

I ij

» EH ben, dit la grosse Javotte,
» Ça mouille un peu ; mais j'nous sèch'rons.
» Pour risquer de mouiller sa cotte,
» Faut-il manquer à nos Garçons ?

» Oui, j'te manque ! pour ce tems-là ?
   » Eh ben, c'eſt d'la pluie ;
» Faut-i donc manquer , pour ça ,
   » La grand' Cérimonie ?

* * *

» Puis le droit de chaque Fillette
» Eſt d'juger l'arbre le plus droit ;
» Es-tu d'himeur, dis-moi, Manette,
» De lâcher ſi vîte ton droit ?
» Oui, j'te lâche ! pour ce tems-là ?...
   » Eh ben, c'eſt d'la pluie ;
   » Faut-i donc r'culer, pour ça ,
   » La grand' Cérimonie ?

* * *

» J'crois qu'c'eſt un ſort que l'on nous jette,
   Dit Manon d'un air effaré ;
   Si c'eſt un ſort, dit Nicolette,
» Tâtons d'ſus ça Monſieur l'Curé !
» Tât'-le donc, vas ! = Oui j'y vais ; là.
   » Moi, j'crains pas la pluie ,
   » Faut-i donc r'culer, pour ça ,
   » La grand' Cérimonie ?

I iij

LE Curé, qui commençoit Nones,
Lui dit qu'il vouloit achever ;
» Mais votre fort, dit - il, Mignone,
» Mon Vicaire peut le lever.
» Mais j'te leve ! j'ai ben ç'tems-là !
   » V'là-t-i pas d'la pluie ?
  » Faut-i donc r'culer, pour ça,
   » La grand' Cérimonie ?

***

BABET, qu'eft la fineffe même,
Pendant qu'ainfi l'on lanternoit,
De l'œil défigne à Jean qu'elle aime,
Quel eft le Mai qu'elle r'tenoit ;..
» Oui, j'te caufe ! pendant ç'tems - là,
   » Parlez donc d'la pluie !
  » Faut-i' donc r'culer, pour ça,
   » La grand' Cérimonie ?

***

V'LA l'Mai qu'arrive de la forte,
Droit à la porte du Seigneur ;
Le Seigneur dit, de d'ffus fa porte :

» Je me mouill'rai de ben bon cœur ;
» Mais Vot' Goutte (*b*) ? dit-on, d'fus ça :
   » N'rifquez pas la pluie !
  » En abrégé j'ferons là,
   « La grand' Cérimonie :

V'LA l'Mai qu'ils ont mis pour vous plaire ;
Nos Fill's veul'y mêler leurs chants :
Mais ç'qu'en dehors ell'vouliont faire,
Il faut ben qu'ce foit en dedans.
Qu'on le plant' ben ! qu'on lui dis' là !
   « J'nous moquons d'la pluie ;
  » Car j'ons fini, malgré ça,
  » La grand' Cérimonie.

(*b*) Le Seigneur du Village avoit la Goutte.

XXXII.

LES VAPEURS. (a)

*Sur un Air de M. L****

(a) Dans cette Chanfon, faite pour être jouée, on doit chercher à peindre les ridicules d'une Petite-Maîtreffe, en affecter les minauderies, le graffeyement; rendre l'impreffion que font fur des nerfs, plus délicats que de raifon, les plus légeres odeurs ; & imiter l'air fauffement farouche d'une Coquette qui cherche au moins autant à raffurer, qu'à intimider.

m'en-tê-tez. Faut-il que mon goût

s'accommode avec ces odeurs, ces fadeurs?

L'Abbé, vous ê-tes incommode; Z'ai

des va-peurs; Ze me meurs.

VOUS restez, malgré ma colere;
Que faire
Pour respirer!
Otons, pour voir, ma palatine!..
» Zustine,
» Viens m'éclairer!..
Ah! l'Abbé, ze suis scrupuleuse;
Mais vous m'irritez;
Vous l'ôtez?

Finiſſez ! ze ſuis shatouilleuſe ;
Z'ai des vapeurs ;
Ze me meurs.

Vos yeux parlent trop, ce me ſemble ; . .
Ze tremble
De m'éclaircir ;
Oui, ſi vous me parlez de flamme,
Ze pâme,
De déplaiſir ;
Oh ! non, ze n'en ſuis pas Maîtleſſe,
C'eſt plus fort que moi,
Sur ma foi ;
Dès qu'on me parle de tendleſſe,
Z'ai des vapeurs,
Ze me meurs.

L'Abbé vous êtes ridicule ;
Ma mule
Va vous punir ;
Otez-vous donc ! ze perds haleine ; . . .

A peine ,
Puis-ze y tenir ;
Quel trouble en moi faites-vous naître !
Ah ! ze m'affoiblis ;
Ze pâlis ;
Ze chancelle, ze tombe ;…aï ! traître !…
Z'ai des vapeurs !
Ze me meurs !

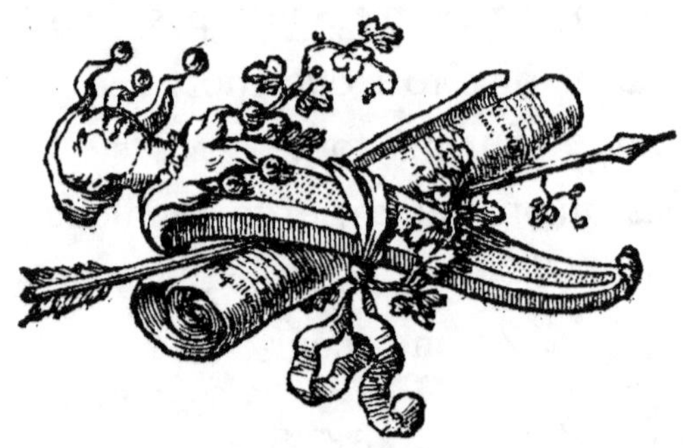

XXXIII.

LE COCHEMARD,

OU

JEAN ET JEANNE.

Parodie sur la Musette de l'Inconnu.

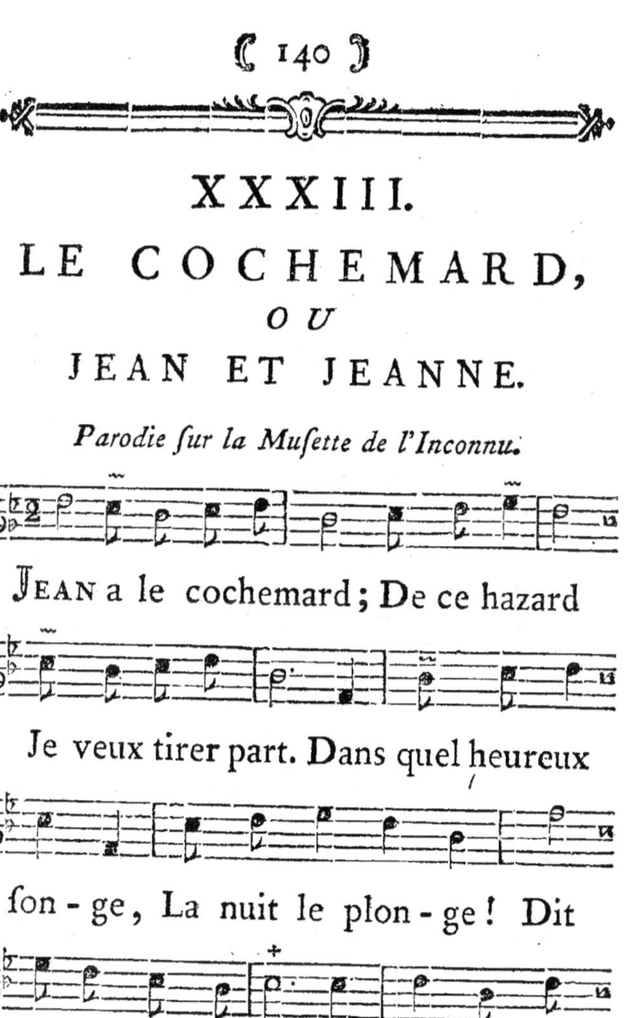

(a) Cette Chanſon veut être chantée à demi-voix,
& comme ſi l'on parloit devant un Homme que l'on
craint de réveiller.

ſons-le faire ! Paix ! Paix ! C'eſt l'inſtant
de ſe taire ; Mais ! Mais ! … Il n'eut jamais tranſport, ſi fort ! Jean vraiment eſt
charmant quand il dort. Dors
Jean, Mon ami ! Dors ! De tes tranſports
Je fais les accords,… Jean a le cochemard ;
De ce hazard, Je veux ti-rer part.

Comment, Jean, Tu t'émer-veilles !
Ah, ah ! Mais quoi ! tu te ré-
-veil-les dé-ja ? Ah, fais un
fomme encor, l'Ami ! Dors, Car tu n'as
rê-vé qu'à de-mi.

XXXIV.

LA FÊTE

DE L'AMITIÉ. (a)

Sur l'Air - Ah, que le jeu du flageolet.

(a) Cette Chanson, faite à l'occasion de la Fête d'une jeune Dame que ses Amis célébroient en l'absence de celui qui étoit accoutumé à les gâgner de vitesse, fut chantée par une Dame de ses Amies.

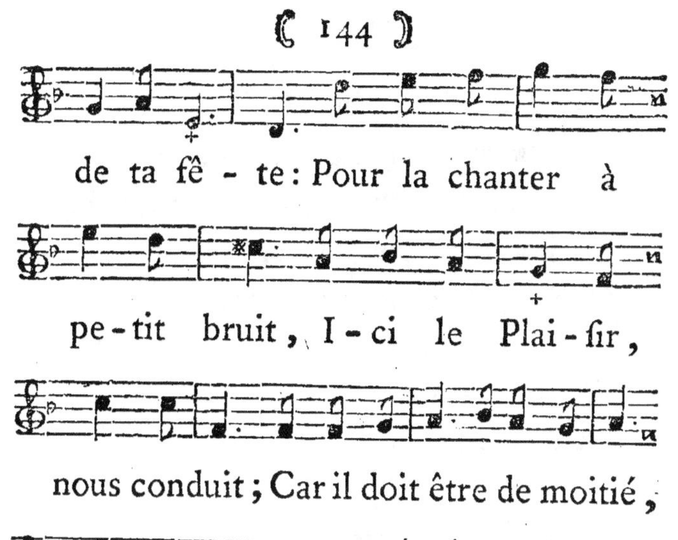

Dans la fê - te de l'Amitié.

LE Plaifir te fuit en tous lieux ;
　　Tu parles fon langage ;
Si tu pouvois voir dans tes yeux,
　　Tu verrois fon image ;
Car il eft fait, tout comme toi,
Et l'Amitié, tout comme moi.
Tu dois donc être de moitié,
Dans la Fête de l'Amitié.

IL

IL est un Jardinier adroit
    Qu'en ces lieux on regrette;
Qui plante & seme au bon endroit,
    Pour son aimable Annette;
Mais il ne sçauroit me prêter
Le vrai secret de te fêter :
Et c'est ne l'être qu'à moitié,
Que de l'être par l'Amitié.

DE te fleurir il est au fait,
    Et c'est un soin qu'il aime;
Il donne un prix à son bouquet,
    En le plaçant lui-même;
La Rose s'ouvre sous sa main,
Tant il arrose son terrein;
Mais elle sécheroit sur pié,
Sous l'arrosoir de l'Amitié.

XXXV.

CHANSON. (a)

Même Air.

L'Amitié fut prompte à saisir
Un moment favorable;
Et vous rappelle avec plaisir,
Ce qu'il eut d'agréable;
Mais il manquoit à la gaîté
Son grand point de solidité;
Vous rappellez en ce séjour,
L'Amitié, le Zèle & l'Amour.

(b) Cette Chanson est une suite de la précédente. Celui en l'absence de qui l'on avoit célébré Annette, l'ayant prévenue qu'il viendroit tirer *le gâteau des Rois* avec Elle, & qu'il desiroit entendre la Chanson faite pour sa Fête, on s'arrangea pour lui faire tomber la Feve, & l'on demanda à l'Auteur, des Couplets qui eussent trait aux précédens, & au *jour des Rois*.

L'Amitié va joindre fa voix
  Au zèle qui vous chante ;
L'Amour prend pour *tirer les Rois*,
  L'objet qui vous enchante ;
Annette, a percé le bandeau
Dont l'Amour couvroit *fon gâteau*,
Vous regniez fur tous nos defirs ;
Regnez encor fur nos Plaifirs !

Le Plaifir vous dreffe en ces lieux
  Une table pour trône ;
La feve vous fert, à nos yeux,
  De fceptre & de couronne ;
Ici Bacchus dicte vos loix ;
Il y proclame, à haute voix,
Pour vos grands Officiers de jour,
L'Amitié, le Zèle & l'Amour.

K ij

Tous trois ils se partageront
            L'honneur de l'exercice ;
Quand Deux d'entre Eux le quitteront,
            L'Autre aura le service ;
Service qui, comme on le sent,
N'est pas le moins intéressant ;
Vrai moment où l'égalité
Est un prix pour la Royauté.

XXXVI.

VAUDEVILLE

à la suite d'une scene de Revendeuse.

*Sur un Air de M. L***.*

Sans fe di - re de mon commerce

K iij

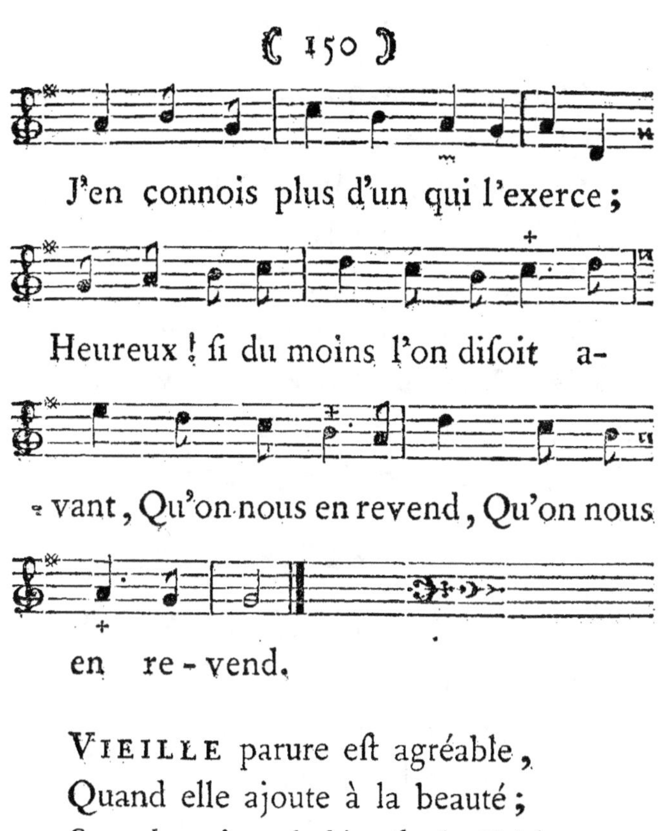

VIEILLE parure est agréable,
Quand elle ajoute à la beauté ;
Sous les vieux habits de la Fable,
L'on aime à voir la Vérité :
J'aime à voir le Dieu du tonnerre,
Pere de Pallas la guerriere ;
Mais quand son cerveau met au jour l'enfant,
  Qu'on nous en revend !
  Qu'on nous en revend !

QUAND le favori de Thalie,
Qui fera toujours de faifon,
Sous les habits de la Folie,
Aime à rajeunir la Raifon;
Le Ridicule qu'il décele,
Sourit lui-même à fon modele;
Et le Jaloux dit, en fe retrouvant;
 » Qu'on nous en revend!
 » Qu'on nous en revend!

A plus d'un des travaux d'Hercule,
Plus d'un Efprit fe prêtera;
Le Grenadier le moins crédule,
Sans peine les adoptera;
Mais dans une nuit de miracles,
Qu'il ait franchi cinquante obftacles!
Jugeons ce Héros fur ceux d'à préfent.
Qu'on nous en revend!
Qu'on nous en revend!

K iv

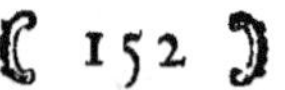

XXXVII.
LA CHASSE
MALHEUREUSE. (a)

Sur l'Air - De la Générale.

ON trouve dans ces forêts, Grand chere

& vin frais, Que verſe à longs traits,

Minois, dont les traits Sont autant d'attraits;

C'eſt ainſi qu'en ce ſéjour, Bacchus

(*a*) Cette Chanſon fut faite dans une Maiſon de Chaſſe.

Si l'on fête en ce féjour,
  Bacchus & l'Amour;
  Diane, à fon tour;
  Prefque chaque jour,
  On lui fait la cour;
On peut, fans être flatteur,
  Dire fans fadeur,
  Qu'ici la Grandeur,
  Loge le Bonheur,
  Et s'en fait honneur.

Mais je ne puis oublier
  Certain Sanglier,
  Sortant du hallier,

Qui, sans s'effrayer,
M'a tant fait mouiller;
Et crotté jusqu'aux cheveux,
L'air malencontreux,
Toujours malheureux,
Par mon chemin creux,
Rentrer à *Montcreux* (*b*).

TANDIS que je suis l'étang,
Glissant, grelottant,
Doris ajustant
Sanglier partant,
Parterre l'étend;
Et, de ce coup éclatant,
Le cœur tout content,
Requête, en comptant
Qu'un second l'attend,
Pour en faire autant.

(*b*) Château où la pluie & la fatigue avoient forcé
l'Auteur de chercher un abri.

JE crois rêver, quand je vois,
Un joli minois,
Tout en tapinois,
Vous mettre aux abois,
Ces Monftres des bois;
Et faire, tout en douceur,
Nargue à tout Chaffeur,
A tout bon Tireur,
Qui dit dans fon cœur,
» Elle a (c) du bonheur.

Moi, devant qui rien ne part,
Je n'aurois pu, par
Un coup du hafard,
Tirer qu'un Canard,
Que j'ai vu trop tard;
Car, cette Chaffe à grand bruit,
Où le guignon fuit,
Chaffeur mal inftruit,
Pour moi n'aboutit,
Qu'à grand appétit.

____

(c) Propos du jour.

COMME toujours je m'attens
A ces contre-tems,
Sur qui je m'étens,
J'ai, pour paffe-tems,
Fait grand feu des dents;
Comptant demain de concert,
Si le tems nous fert,
Faire un feu d'enfer,
Vifer auffi clair,
Que feu Saint Hubert.

XXXVIII.

LA CHASSE

HEUREUSE. (a)

Sur l'Air - Buvez, Freres, buvez.

J'AI fait tréve au Guignon ; Chacun peut

bien le croire ; J'apporte à la maison Des

garans de ma gloire ; D'a-bord,

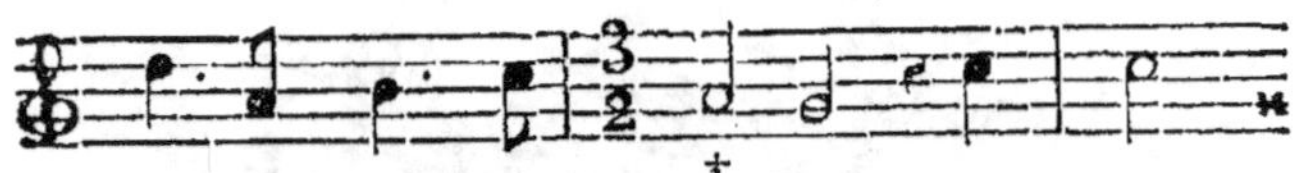

(a) Cette Chanson fut faite, le lendemain de la précédente, au retour d'une Chasse plus heureuse, dont
on demanda à l'Auteur de faire le récit en Couplets ;
aussi furent-ils chantés à table une demie-heure après
son arrivée.

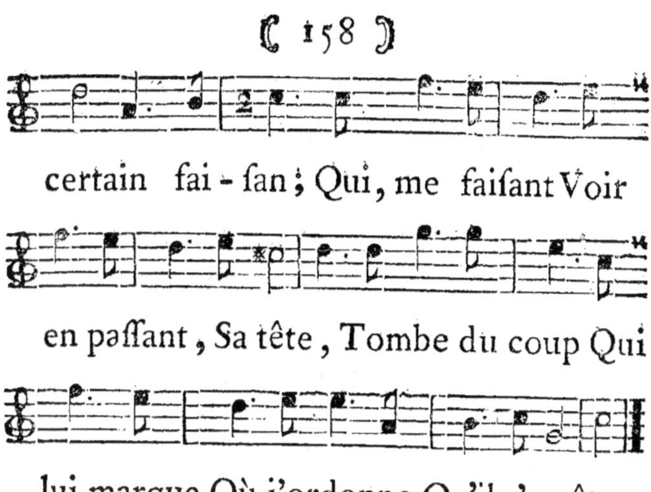

SUR certain *Quartanier*,
Qui tenoit dans la bauge,
Baron (a), vient aboyer,
En lui criant : » déloge !
Ce damné Sanglier,
Voyant crier,
A s'ennuyer
Commence ;
Débuche net ;
Je tire drait,
Sans que mon coup l'offenfe.

____

(b) Nom d'un Chien.

APRÈS; certain Chevreuil,
(Que j'ai manqué sans doute,)
Vif comme un Ecureuil,
Vous a passé la route ;
Déja, la larme à l'œil,
J'en fais mon deuil ;
Autre Chevreuil
Me passe ;
J'ajuste bien ;
Je n'abats rien ;
Et mon coup lui fait grace.

PESTE soit du Tireur,
Me disois - je en furie,
Je suis bien un Chasseur
De la Vierge Marie ! (c)
Quand je vois à la fin,
Un Marcassin
Suivre en chemin,
Son frere ;

____

(c) Propos usité des Chasseurs.

Tirant chacun,
Je bleſſe l'un,
Et mets l'autre par terre.

Il eſt mort , l'Inſolent ,
Qui du Bois ſe détache ,
Et s'en vient à pas lent ,
Me friſer la mouſtache ;
Ne me vois-tu pas là ?
Dis-je ! .. Ah ! voilà
Qui t'ouvrira
Le ventre :
Tu verras qu'où
Je tire un coup ,
Je ſuis bien ſûr qu'il entre.

XXXIX.

XXXIX.
COUPLETS
SUR DIFFÉRENS TABLEAUX,
RELATIFS A UNE FÊTE

*dans laquelle plusieurs amis jouerent la Comédie
pour la premiere foïs.*

Sur l'Air - Oh ! la Rareté merveilleuse.

VOILA de ma Boëte magique La Rareté,

La Ra-re-té; Une pe-ti-te fête y

pique La Curi-o-si-té. Y voir plus

d'un talent é-clore, Pour y cé-lé-brer

l'Ami-tié ! Et, pour la mieux fêter en-

core, trouver tous les cœurs de moitié !

Oh ! la merveille ! Oh ! la mer-veil-le,

ſans pa-reil-le !

DES Eſſais ſont des coups de Maître ;
La Rareté ! (*bis*)
Et déja leurs ſuccès font naître
La curioſité :
A leurs jeux le Plaiſir amene,
Le vrai Modele (*b*) des Acteurs,
Qu'on n'a jamais vu ſur la Scène,
Sans voir crier aux Spectateurs :
Oh ! la merveille ! &c.

______

(*a*) Un Acteur d'un talent reconnu.

On voit une Piece comique; (b)
    La Rareté ! (bis)
Une Actrice charmante y pique
    La curiofité ;
La Voir fous deux métamorphofes,
A nos yeux peindre le Plaifir !
Et prouver fi bien, que les Rofes
Peuvent s'aimer, fans fe cueillir ! (c)
    Oh ! la merveille ! &c.

Un Milord qui fe vante, annonce
    La Rareté ; (bis)
Et l'on lui fait voir, pour réponfe,
    La curiofité.
Prouver, au bout de fon hiftoire,
Que la Beauté trouve un Gafcon !
C'eft prouver, ce qu'on ne peut croire,
Que Vénus éprouve un affront :
    Oh ! la merveille !
    Oh ! la merveille fans pareille !

(b) C'étoit dans un tems où l'on venoit de jouer plufieurs Drames.

(c) Allufion à la Piece du Galand Efcroc, où Elle
avoit joué le rôle de la Femme.

XL.

LA SCRUPULEUSE

DE VILLAGE.

RONDE.

Sur l'Air - Ça n'se fait pas.

Ce fut un Dimanche au soir, Qu'i'

f'soit ben noir, J've-nois d'cueil-

-lir la vio-let-te ; Lucas, sur-pris

de me voir, M'dît ; = n'as-tu pas peur, seu-

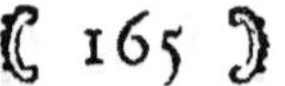

LE Drôle, en mon tablier
  Vouloit piller,
Bouquets, cueillis pour ma Mere;
S'offrant à me les payer;
Mais je lui dîs en colere :
» Pour qui m'prenez vous, Lucas ?
  » Ça n'se vend pas.
  » Ça n'se vend pas.

IL m'en prit un :... le Lutin !
  De ce larcin,
L'ame toute satisfaite,
I'm'dît : = viens çà ! dans ton sein
= Bargere, que je le mette !
L iij

J'l'i dîs : » j'vous mordrai, Lucas ;
   » Ça n'se fait pas,
   » Ça n'se fait pas.

I L triompha, cette fois ;
   Plus que ma voix
Toujours sa main fut alerte ;
V'là l'bouquet mis ; le Matois
De rien ne se déconcerte :
» Ç'qui m'console un peu, Lucas ;
   » Ça n'se voit pas,
   » Ça n'se voit pas.

XLI.

ÉPIGRAPHE

D'UN BOUQUET,

ENVOYÉ A UNE JEUNE DAME,
POUR SA FÊTE.

Sur l'Air - Vantez vous-en.

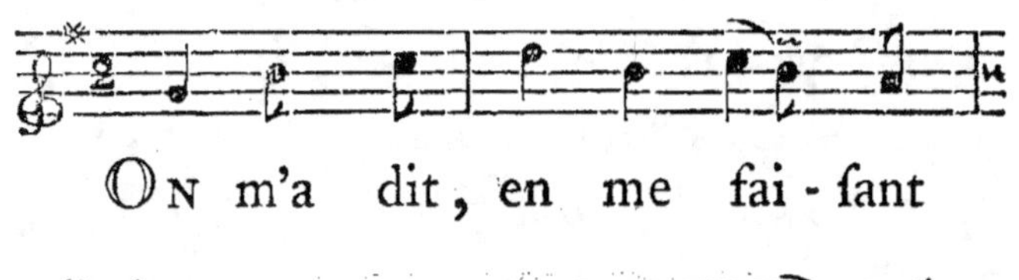

L iv

Çte mort-là fait tous mes defirs;Nichez moi
donc, où j'defire être!Je mourrai d'aife En
m'y voyant; Vantez vous-en.

XLII.

AUTRE

Sur le même Air :

O U

BOUQUET

D'UN PAYSAN A SUZETTE. (a)

Eh quoi ! pour fêter ma Suzette ,
Je vois ici plus d'un Pouëte (b),
Qui , pour des Vers (qui n'val' pas ça ,)
Sont à quia ;
Queuqu'c'eft qu'tout ça !
Moi j'fens , en r'gardant ç'Minois-là ,
Que , pour l'y bailler fêt' complette,
Je n'l'y d'mand'rois qu'un bon moment ;
Vantez vous-en.

______

(a) Ces Couplets venoient à la fuite de plufieurs
Chanfons faites pour la même Fête.
(b) Pour Poëte.

J'AVONS cherché par tout l'Village,
Sans trouver des fleurs, davantage,
Que d'quoi lui faire un seul bouquet; . . .
    Un p'tit bouquet,
    Qu'on s'arrachoit;
Mais qu'est-ç'qu'un brin d'rose ou d'œillet,
Pour mettre à son genti corsage?
Le cœur m'en donne un ben plus grand;
    Vantez vous-en !

GNIA rien d'si beau que ç'qu'est sincere;
Moi, j'pens'(c) comm'ça, c'est ma maniere;
J's'rons tretous gais comm' des Pinsons,
    Si j'l'amusons,
    Par queuqu' Chansons;
Comptez ben (d) sus ç'que j'vous disons:
» Dans un an, si ça peut vous plaire,
» J'vous en baill'rons encor autant,
    » Vantez vous-en.

(c) Pour je pense.
(d) A Suzette.

XLIII.
LE MAY
DE TOUS LES PAYS.
RONDE.

Air *de M. L****

(*a*) Le Refrain de cette Ronde se chante, alternativement par les Hommes & les Femmes.

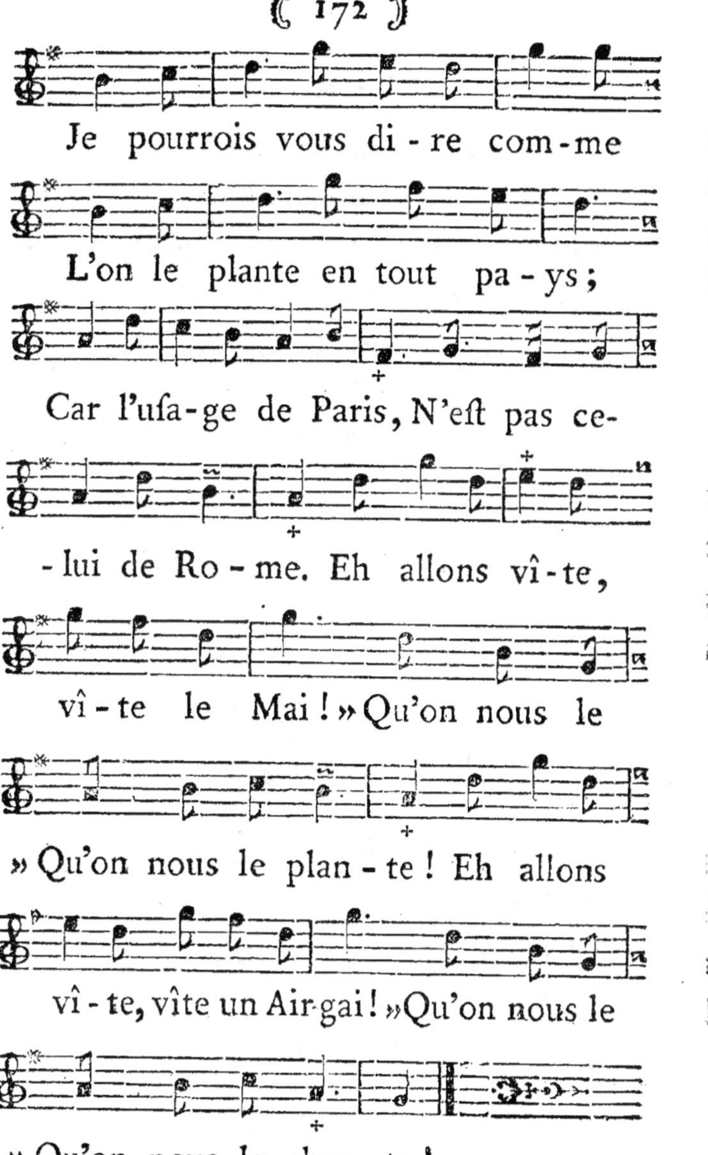

Je pourrois vous di - re com - me
L'on le plante en tout pa - ys ;
Car l'ufa - ge de Paris, N'eft pas ce-
- lui de Ro - me. Eh allons vî - te,
vî - te le Mai ! » Qu'on nous le
» Qu'on nous le plan - te ! Eh allons
vî - te, vîte un Air gai ! » Qu'on nous le
» Qu'on nous le chan - te !

ON le veut long à Conſtance ;
On le veut gros au Pérou ;
Gros ou long, Mais droit ſur-tout
C'eſt ce qui plaît en France.
Eh ! allons vîte, &c.

JE tiens d'un Auteur très-grave,
Qu'à Rome, un des gros Bonnets,
En plante un *ad honores*,
Tout auprès du Conclave.
Eh ! allons vîte, &c.

LE Seigneur de la Verdure,
Le Printems, ce beau Garçon,
Plante le Mai ſans façon,
A Madame Nature,
Eh ! allons vîte, &c.

»Je rajeunis pour vous plaire;
Lui dit - il dans ce beau jour:
»Et, quoique fur le retour,
»Je fuis un verd Compere.
       Eh ! allons vîte , &c.

La Nature eft très-féconde,
Et très - prefte à s'attendrir;
Son fein eft prompt à s'ouvrir
Au doux plaifir du monde.
       Eh ! allons vîte , &c.

Sur-tout, dans cette retraite,
L'on connoît fon art fécond;
Car le Seigneur du canton
En a pris la Recette.
       Eh ! allons vîte , &c.

XLIV.

LE BOUQUET

IMPROMPTU. (a)

COUPLETS DE L'AMOUREUX.

Sur l'Air - V'la c'que c'est qu'aller aux bois.

Le hazard me sert tout au mieux;

V'la ç'que ç'est qu'dêtre amoureux:

Souvent ce rôle est langoureux; Cha-

(*a*) Ces Couplets avoient pour objet de surprendre une jeune Dame, en saisissant, pour la fêter, le moment où elle répetoit le rôle d'*Amoureuse*, dans une petite Comédie où elle devoit jouer. Les Acteurs de la Troupe demanderent à l'Auteur des Couplets analogues au rôle que chacun d'eux avoit dans la Piece.

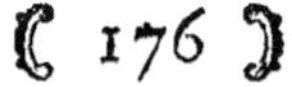

Il me fait plus d'un envieux;
V'là ç'que ç'eſt qu'd'être amoureux :
Je puis, ſous ce nom précieux,
   Peindre un cœur ſincere,
   Chercher à lui plaire ;
C'eſt une erreur qui rend heureux :
V'là ç'que ç'eſt qu'd'être amoureux.

XLV.

XLV.

COUPLETS DU PERE.

Sur l'Air - Comment faire.

Noté dans les À-propos. *Tome II. pag. 10.*

POUR vous, Chacun fait son couplet ;
Et l'on me donne à cet effet,
Le rôle d'un Sexagénaire ;
On pouvoit me partager mieux ;
Mais, au lieu d'un, si j'en fais deux,
A moi l'Pere !

COMPLIMENT qui vient d'un Vieillard,
Ne se prend guere en bonne part ;
Mais, dans le desir de vous plaire,
Malgré mon rôle à cheveux blancs,
S'il faut ne prouver que vingt ans,
A moi l'Pere !

Tome III.   M

XLVI.

COUPLETS DU VALET.

Sur l'Air - Comm' v'là qu'est fait.

Noté dans les A-propos, *Tome II. pag. 98.*

JE ne sçais, le Diable m'emporte,
Messieurs, comment vous faites Tous;
Pour un in-promptu de la sorte,
En vain j'ai rêvé plus que Vous.
Il n'est, ma foi, desir qui tienne;
Rien ne vient, ou tout est mal fait;
Mais, il faut que la rime vienne;
Car, me trouver seul sans couplet!
J'suis vot' Valet; j'suis vot' Valet.

ET de l'art, & de la nature,
Je sçais qu'Elle unit (*a*) tous les dons;
Pour en ébaucher la peinture,
En vain j'aiguise mes crayons;
Toujours quelque grace nouvelle,

____

(*a*) Montrant Suzette.

Semble ajouter à son portrait;
Et quand j'ai cru tout peindre en Elle,
En me rapprochant de l'Objet,
J'suis vot' Valet; j'suis vot' Valet.

J'AUROIS beau me rompre la tête,
Pour vouloir peindre, en un moment,
Les plaisirs qu'inspire sa Fête !
Je m'en excuse bonnement.
Tenez (*b*), pour vouloir trop bien faire,
Je n'ai rien fait, je le dis net.
Mais, ma foi, s'il faut pour vous plaire
Moins de desir, & plus d'effet,
J'suis vot' Valet; j'suis vot' Valet.

____

(*b*) A Suzette.

XLVII.

COUPLET DE LA SOUBRETTE.

Sur l'Air - La Beauté, la Rareté, la Curiofité.

Noté, Tome I. pag. 202.

VOULOIR que d'*une Femme, une autre Femme fête*
La Beauté !
(Et que la Vérité lui ferve d'interprète !)
La Rareté !
C'eft là, de mon couplet, de mes Vœux, de ta Fête
La Curiofité.

XLVIII.

COUPLETS DU RÉPÉTITEUR.

Sur l'Air - Comment faire.

Noté, Tome II. pag. 110.

MOI je n'ai pas la vanité
De donner de la nouveauté,
Pour un Eloge de Suzette.
En Elle, quand on a chanté,
Et les talens & la beauté ;
   On répete.

APRÈS le premier Compliment,
Il est plus d'un Objet charmant
A qui l'on dit : » l'affaire est faite.
Mais, pour l'Objet qu'on aime à voir,
Sans peine, du matin au soir,
   On répete.

M iij

XLIX.

MAITRE SIMON

ET MADEMOISELLE JAVOTTE,

OU

LE MANCHON PERDU. (a)

*Sur un Air de M. L****

(a) Cette Ronde est faite pour être jouée, & pour être chantée d'un ton de plainte & d'humeur ; & les Refreins ne ressortent qu'autant qu'on les pleure niaisement, plus ou moins, selon que la Chanson l'indique.

Maître Si - mon se mor-fon - doit:
I'm'dît, v'nez-çà, V'nez-çà Man'sell' Ja-
- votte ! Réchauffez-moi ! car je grelotte;...
Revenez-y ! Maître Simon, Frottez-vous-
y ! J'vous prêt'rai mon man-chon !
Mignon ! J'vous prêt'rai mon manchon !

RÉCHAUFFEZ-moi ! car je grelotte...
Par malheur j'avois mon manchon ;
Vous m'direz que j'étois ben fotte,
De l'prêter à Maître Simon ;
J'ai, ce jour-là, ben gagné ma journée...
Je n'm'en puis fervir de l'année....
    Revenez-y , &c.

Je n'm'en puis fervir de l'année ;
Car la main de Maître Simon,
Que rien jamais n'avoit gênée,
N'y faifoit pas tant de façon ;
Il en a tout chifonné la fourure,
Et même élargi l'ouverture ;...
    Revenez-y , &ç.

Et même élargi l'ouverture ;
Ce petit meuble , fi mignon ,
A quafi changé de figure.
C'étoit le plus p'tit d'la maifon ;
Il bouffe autant que celui de ma Tante ;
Voyez comm'ça m'rend ben contente !
    Revenez-y , &ç.

L.

LE CALENDRIER DE VÉNUS, VOLÉ PAR L'AMOUR.

Chanson pour une Fête de S. Philippe.

*Sur l'*Air *- Dedans Paris il est venu.*

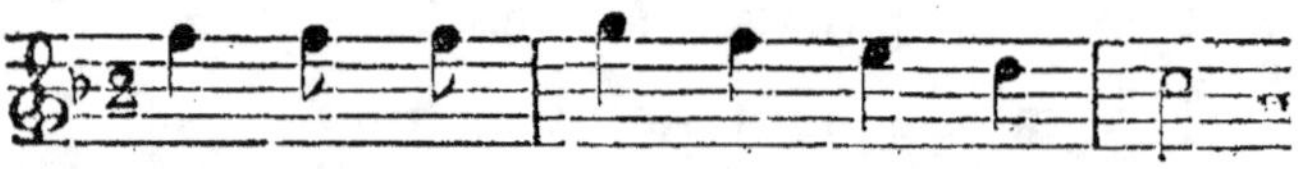

VÉNUS ri - oit a - vec l'Amour,

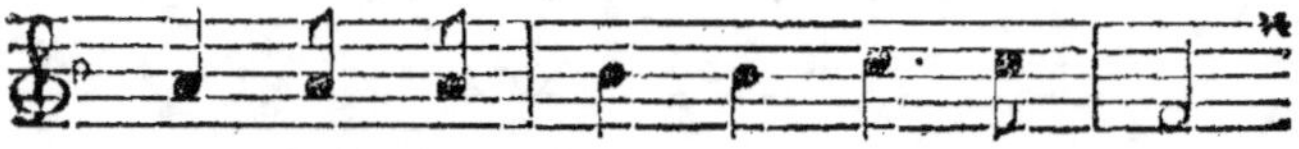

Qui toujours rêve à quelque tour;

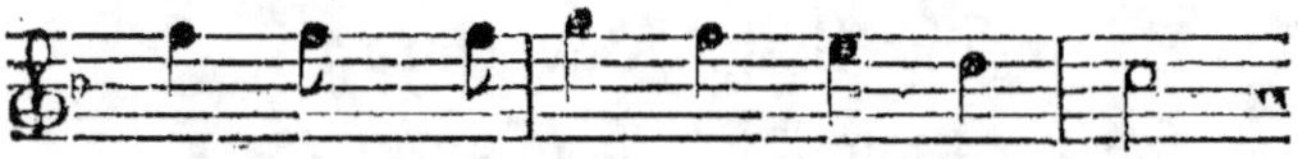

L'Enfant, fripon de son mé - tier,

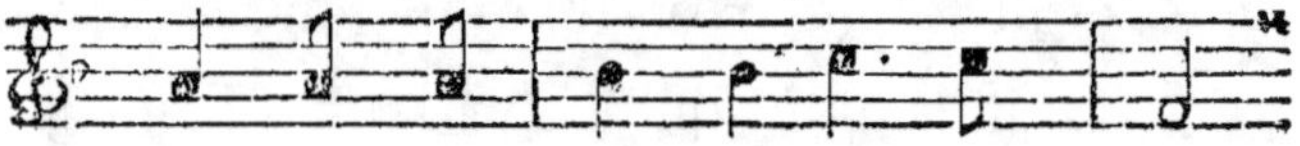

Lui vo - la son Ca-len-dri - er;

Soudain il régle à fa ma-nie-re
Toutes les Fêtes de Cy-the-re;
Vé-nus a beau lui dire » holà,
» Que fais-tu-là? Le petit volontai-re,
lui dit: =ChezVous, je veux, J'entens,
fai-re la pluie & le beau tems.

Les plus longs & les plus beaux jours,
Sous sa plume sont les plus courts ;
Du Calendrier il rayoit
Vieilles Fêtes qu'on y voyoit ;
= Est-ce ici, dit-il, qu'on révere
= Patrons du temps de ma Grand-Mere ?
= Qu'à ces Héros du tems passé,
    = Il soit laissé,
= Pour honneurs de la Guerre,
= Le don de parler aux Enfans,
= Et de la pluie & du beau tems !

QUAND à Philippe il arriva ;
= Je connois, dit-il, ce nom là ;
= On le porte, on le portera ;
= On le fête, on le fêtera ;
= Il ne peut qu'orner la légende,
= De la jeune & joyeuse bande ;
= Je sçais qui porte ce nom là.
    = Son Grand-Papa (a)

____

(a) Auteur du Roman de Daphnis & Chloé.

= Chez Moi le recommande ;
= Son *Daphnis* apprît aux Amans
= D'où vient la pluie & le beau tems.

= C'EST Moi qui lui donnai l'éveil
= De chanter l'abus du sommeil ;
= A mesure qu'il le prouvoit,
= A Cythere l'on l'inscrivoit :
= Oui ; sur les Plaisirs, Epicure
= N'éclaira pas mieux la Nature ;
= Et, le Vieux Chantre du bon ton,
= Anacréon,
= De bonne foi m'assure,
= Qu'il n'a pas mieux, dans son printems,
= Chanté la pluie & le beau tems.

MON fils, je ne te boude plus ;
» Arrange tout, lui dit Vénus ;
» L'Enfant qui nous ouvre les Cieux,
» Doit se connoître en Bienheureux.

» Qu'entre Nous l'aigreur se dissipe ;
» Mais Toi, qui parles de Philippe,
» Sçais-tu qu'on le fête aujourd'hui ?
         » Ouvre pour Lui,
» Les sources d'Aganippe !
= Bon ! répond-t-il ; chez les Talens,
= Il fait la pluie & le beau tems.

LI.

LE ROI BOIT. (*a*)

D U O.

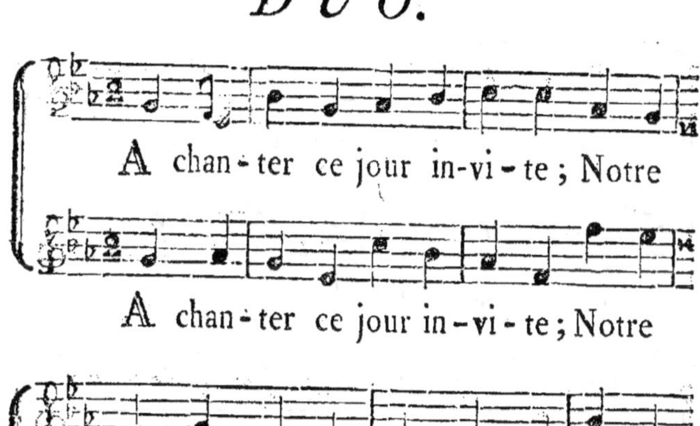

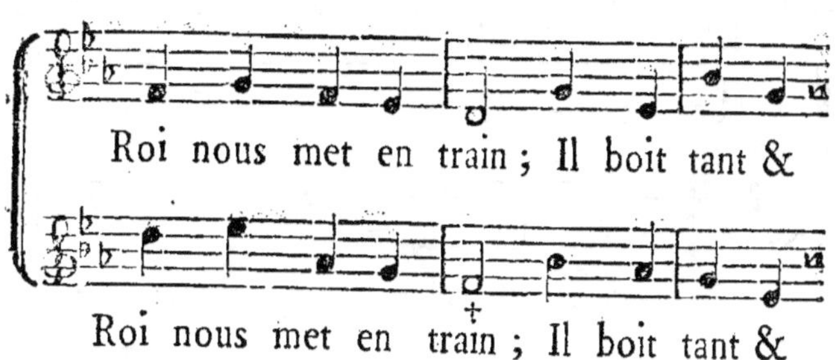

(*a*) Ce Duo fut fait pour une Société où l'on devoit tirer les Rois, & où l'on s'étoit arrangé pour faire tomber la Feve au meilleur Buveur, à qui l'on verſoit à boire à chaque Couplet.

boit fi vî - te, Qu'il prévient notre re-
boit fi vî - te, Qu'il prévient notre refrain : Que fert de l'ai - der à
frain : Que fert de l'ai - der à
boi - re ! Bacchus lui tranfmît fa
boi - re ! Bacchus lui tranfmît fa
gloi - re ; Il la foutient comme on voit ;
gloi - re ; Il la foutient comme on voit ;

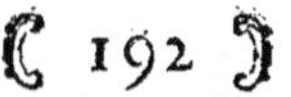

IL ne boira pas aux Mages ,
Qui, pleins d'un respect divin,
Au rang des plus grands hommages ,
Ne mîrent pas le raisin;
Mais, pour boire au Patriarche,
Qui le conserva dans l'Arche ,
Je vois que sa soif s'accroît :
Le Roi boit! le Roi boit! (*bis*)

I L

Il ne fait pas ici, comme
En Allemagne, où l'on dit,
Qu'un coup, plein le Vidrecome,
A chaque Buveur fuffit.
En plufieurs coups il ménage
Sa foif ; & pour ce partage,
Il a l'œil au bout du doigt.
Le Roi boit ! le Roi boit ! (*bis*)

Quoiqu'il rende tout poffible,
Je vois que de fa Maifon,
La charge la plus pénible,
Eft bien celle d'Échanfon ;
Que la foif qui lui commande,
En amour foit auffi grande !
Comptons les coups qu'il reçoit !
Le Roi boit ! le Roi boit ! (*bis*)

LII.
LA FILLE
A GROS GUILLEAU,
RONDE.

Annonce de parade.

(*a*) Cette Ronde, faite pour un Gille de Parade, doit être chantée très - gaîement, & en variant le rire à chaque *Oh, oh, oh! Ah, ah, ah!*

J'LY ot' mon (*bis*) chapiau,
Puis j'cours comme un Etourniau;
Oh, oh, oh, oh, oh! Ah, ah, ah, ah, ah!
Pour qu'a' m'donn' queuqu' chinferniau,
Sur le mufiau, fur le mufiau;

Sur le (*bis*) mufiau
Quand A’ m’appell’ fon p’tit Veau ;
Oh, oh, oh, oh, oh ! Ah, ah, ah, ah, ah !
J’enfle comme un chalumiau,
J’s’is tout en iau (*b*) , j’s’is tout en iau.

J’s’is (*c*) tout (*bis*) en iau
J’en d’viens tout comme un ruiffiau ;
Oh, oh, oh, oh, oh ! Ah, ah, ah, ah, ah !
» A’ m’dit fèçh’ (*d*) toi, mon Pourciau !
» Sèçh’ ton jabiau , féçh’ ton jabiau !

» Sèçh’ ton (*bis*) jabiau !
» Vian boire un coup d’vin nouviau !
Oh, oh, oh, oh, oh ! Ah, ah, ah, ah, ah !
Moi je m’faoul’ comme un Moiniau,
Sus fon tonniau , fus fon tonniau.

Sus fon (*bis*) tonniau ;
Puis j’quitt’ la Fille à Guilleau ;
Oh, oh, oh, oh, oh l Ah, ah, ah, ah, ah !
Et j’vais dormir fous l’ormiau ,
Comme un fabiau, comme un fabiau.

(*b*) Pour eau.   (*c*) Pour je fuis.   (*d*) Pour fèche.

LIII.

LES MAIS DES DÉESSES.

Sur un Air de M***

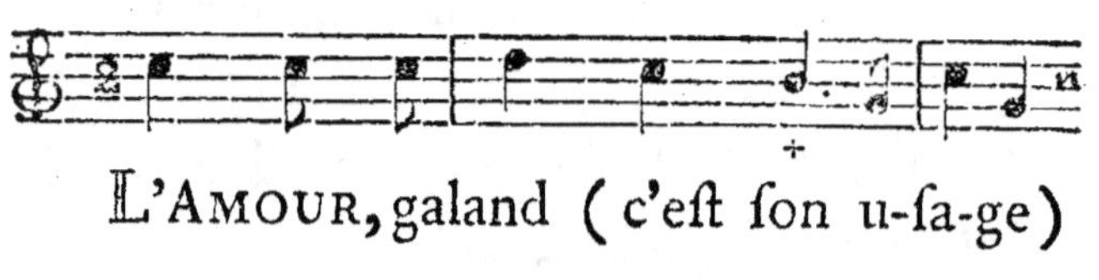

N iij

=Vîte un May pour chaque Déeſſe!
=On en au - roit vingt à plan - ter,
=Qu'on trouveroit, Qu'on trouveroit
=bien leur pla - ce ; L'Amour eſt
ſûr de contenter, Quand c'eſt Lui
qui les pla - ce.

R I E N ne sert comme La Jeunesse ;
L'Amour en obtient ce qu'il veut :
Chargé de vrais dons à Déesse,
Il vole aussi vîte qu'il peut ;
Du Mai le plus petit qu'il porte,
De l'Olimpe il ouvre la porte ;
J'en ai, dit-il, quatre à planter,
» Qu'on leur trouve, (*bis*) dit-on, p lac
  » L'Amour, &c.

Çà, qui choisira la premiere ?
Junon dit, » Je suis dans ma cour.
Cibéle dit, » Je suis sa Mere ;
Vénus, » Moi celle de l'Amour.
Pallas dit, » Voyons si sans cesse
» L'Amour veut piquer la sagesse !
» On en auroit vingt à planter,
» Qu'on trouveroit, (*bis*) bien leur place !
  » L'Amour, &c.

N iv

TANDIS que chaque Mai fe toife ,
Junon, pour affurer fon droit,
Dit : » Je prens, fans plus chercher noife ,
» Le moins long, qui me femble droit;
» Plus ou moins haut, eh! que m'importe !
» C'eft affez pour garnir ma porte !
　　　» L'on en auroit , &c.

VÉNUS dit : » Puis qu'on s'exécute ,
» Je reftreins mes droits au plus long;
» Moi, dit Cibéle ; fans difpute,
» Je prens le gros; j'entens raifon :
» Moi, dit Pallas, d'un ton modefte;
» Ce gros & long & droit qui refte.
　　　» L'on en auroit , &c.

HÉBÉ vient après le partage;
(Les Déeffes ferroient leur Mai.)
» Je n'appelle point du tirage ,
Leur dit - elle avec un air gai;
» Avant Vous l'Amour m'a , lui-même ,

» Ce matin, offert le cinquieme.

» On en auroit vingt à planter,

» Qu’on trouveroit, (*bis*) bien leur place;

» L’Amour est sûr de contenter,

» Quand c’est Lui qui les place.

Couplet relatif à la fête, pour laquelle fut faite la chanson.

DANS ces Mais, je crois voir l’image,
Ou du moins le nombre de ceux
Que, depuis cinq ans, pour hommage,
L’on offre au Maître de ces lieux;
Le plaisir qu’on eut au cinquieme,
S’accroît en touchant au sixieme;
L’Amour exact à les planter,
  Invite à compter
Chaque Mai qui se place;
Mais, ce n’est jamais à chanter,
Que le nombre embarrasse.

LIV.

VAUDEVILLE

DE PARADE.

Air de M. ***

Cassandre.

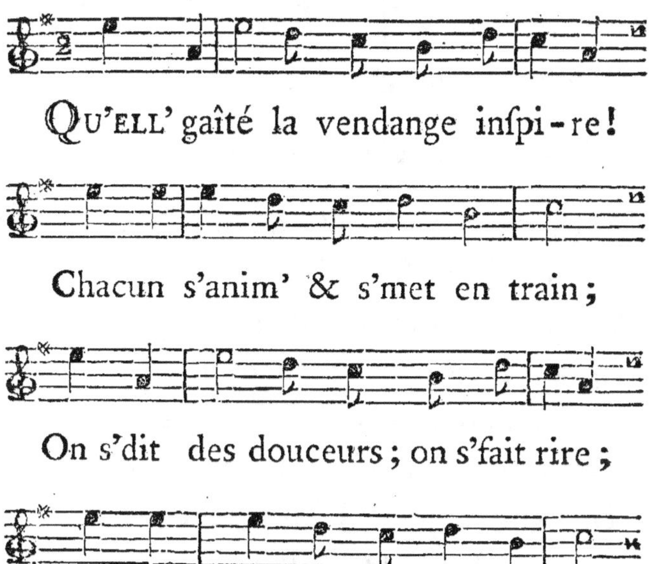

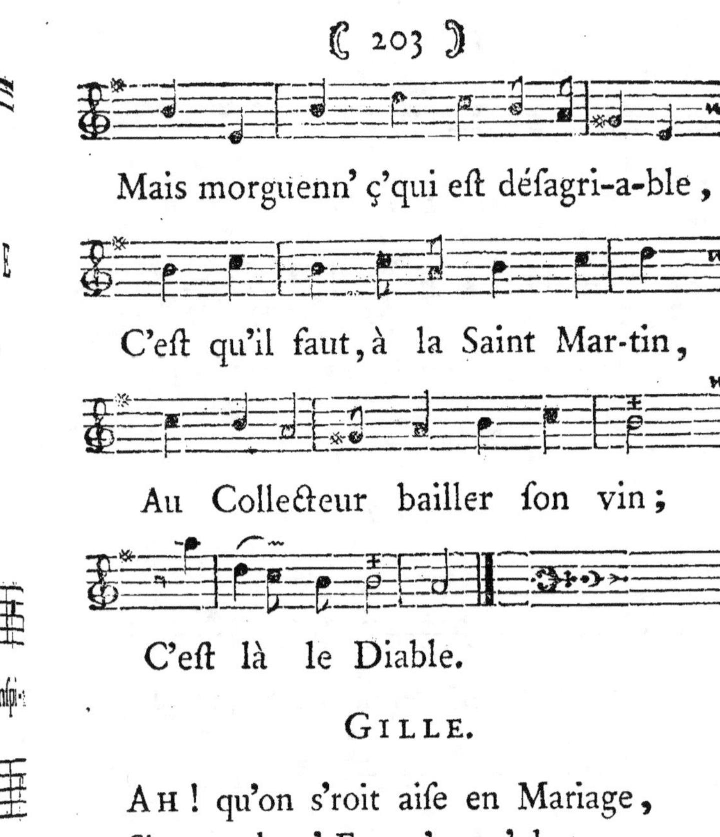

GILLE.

AH ! qu'on s'roit aiſe en Mariage,
Si, quand un' Femm' caus' du tracas,
On pouvoit changer de Ménage,
Et la quitter ſans tant d'fracas ;
Mais, morguenn', c'eſt déſagriable !
On a t'un' Femm', dont on eſt las,
On veut la quitter ; on n'péut pas :
C'eſt là le Diable.

PERRETTE.

FAUT qu'l'Hymen chang' (*a*) ben un' perſonne!
   Car, avant qu'Pierrot m'épouſît,
   Il avoit l'himeur folichonne,
   Et jamais ſon feu n's'appaiſit;
   A-préſent, qu'c'eſt déſagriable!
   J'appell' Pierrot, Pierrot s'enfuit;
   I'm'grond' le jour, & s'tait la nuit.
     C'eſt là le Diable.

ISABELLE A LÉANDRE.

MON cher Z'Epoux n'fait' pas l'Nicaiſe,
J'veux qu'vous m'aimiez d'la bonn' façon;
Mon Mignon ! ne vous en déplaiſe,
Sans ça craignez Martin bâton,
Car n'y a rien d'ſi déſagriable!
On épouſe un homm', qu'on aim' ben;
On l'croit de d'même, on n'en voit rien:
     C'eſt là le Diable.

(*a*) Pour change.

LÉANDRE.

Est-ç'que j'ai l'air d'un cœur perfide ?
Ah ! Mam'sell'., queux tort vous m'fait' là !
Mais j'aime à vous voir intrépide,
Oui, sarpedienn', j'aime à voir ça ;
Ç'pendant, ça s'roit désagriable !
Si vous m'battiez, j'vous l'rendrois bien :
Puis ça d'vient z'un ménag' de chien ;
C'est là le Diable !

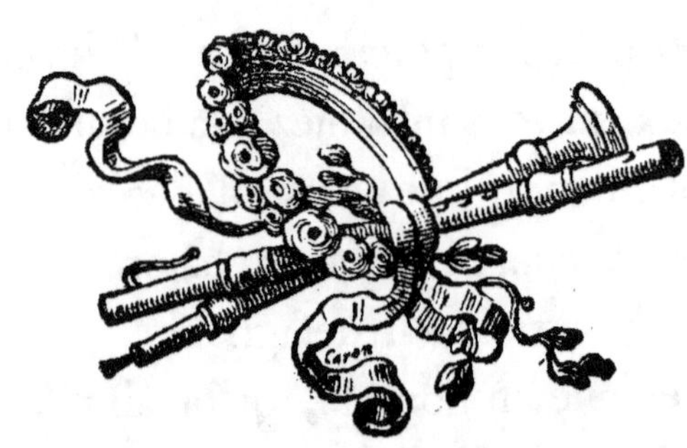

LV.

LE CHAT PERDU.

Sur un Air *de M. L****

gentilleffe,) Joujou toujours demandera ;
Il eft dreffé par fa Mai-tref - fe,
qui fe plaît à l'inftruire à ça. Eh oui-
-dà! Chrifti-ne Le laiffe - ra courir chez
fa voi - fi - ne ! Eh oui - dà ! Chrif-
-ti - ne Le laiffe - ra courir chez
fa voi - fi - ne !

QUI se plaît à l'inftruire à ça ;
(C'eft qu'on connoît fa gentilleffe ;)
Aux fouris quelquefois il va ;
Et les fait voir à fa Maîtreffe,
Qui craint qu'il ne s'échauffe à ça.
    Eh ! oui da ! &c.

QUI craint qu'il ne s'échauffe à ça ;
(C'eft qu'on connoît fa gentilleffe ;)
Jamais de Rat il ne prendra ;
Il fçait la peur qu'eut fa Maîtreffe,
Un jour qu'il s'exposît à ça.
    Eh ! oui da ! &c.

UN jour qu'il s'exposît à ça,
(C'eft qu'on connoît fa gentilleffe ;)
Sa Maîtreffe fi fort gronda,
Que Minet quitta fa Maîtreffe,
Qui le grondoit trop pour ça.
    Eh ! oui da ! &c.

QUI

Qui le grondoit trop fort pour ça ;
(C'est qu'on connoît sa gentilleſſe ;)
Le jour, la nuit, on l'employa ;
Minet regrettit ſa Maîtreſſe ;
Qui le mitonnoit mieux que ça.
Eh ! oui da, &c.

Qui le mitonnoit mieux que ça ;
(C'est qu'on connoît ſa gentilleſſe ;)
Dans la gouttiere il s'échappa ,
Y vit Matous d'une autre eſpece ;
Minet n'étoit pas fait à ça.
Eh ! oui da, &c.

Minet n'étoit pas fait à ça ;
(C'est qu'on connoît ſa gentilleſſe ;)
Sa Maîtreſſe là le chercha ;
Tant il vous flattit ſa Maîtreſſe,
Que par ſa chattiere il rentra.
Eh ! oui da, &c.

LVI.

LE LIMONADIER. (a)

Sur l'Air - J'avois cent francs.

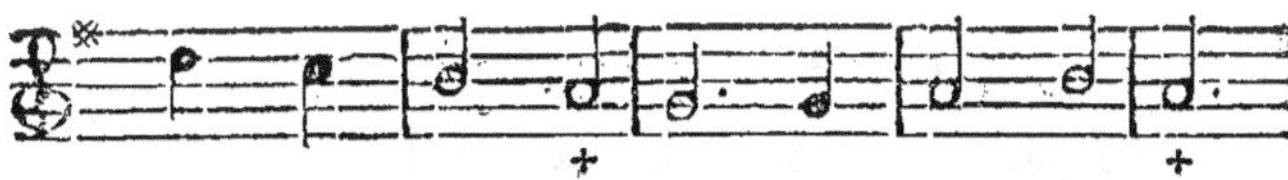

(*a*) Cette Chanson faisoit partie d'une Annonce de Parade, dans laquelle un Limonadier, après avoir offert toutes sortes de Liqueurs fraîches & à la glace, finissoit par offrir du *Thé*, dont il affectoit de ramener le mot à tout propos.

Trop de fierté,
Fait grand tort à Clelie,
Qui reproche à Julie,
Trop de liberté ;
Trop de bonté,
Nuit à leur grande Amie ;
Mais, tout bien compté,
A la Beauté,
Otez doùceur, folie ;
Tout en eft ôté.

ON eft monté
Sur la Cérémonie ;
Des Soupers où l'on prie,
Je fuis rebuté ;

O ij

Qu'on ait fanté,
Bon vin & bonne Amie!
C'eft la volupté :
Sans la Gaîté,
Je dis, » Foin de la vie!
» Tout en eft ôté.

＝OTEZ, Otez,
＝Cette main qui me damne ;
＝Otez-la, dit Sœur Jeanne,
＝D'où vous la mettez !
» Sœur, permettez !
Lui dit l'Abbé Fleurdane ,
» Vous me démontez ;
» Ah ! refpectez,
» La Gaîté Gallicanne ,
» Et fes libertés !

LVII.

LE PERRUQUIER. (a)

ANNONCE DE PARADE.

Sur l'Air - Le grand Pontife Aaron.

(a) Cette Chanfon fut faite à l'occafion d'Affiches factices que l'on diftribuoit, & qui annonçoient, dans un nommé *Le Gros*, *Perruquier*, un nombre infini de façons différentes de retapper les Chignons.

O iij

Du tems qu'à mon ouvrage, je mets;

Ces Retapeurs si courts, vous laissent tou-

jours voir dans ce qu'ils font, qu'ils man-

quent de fond; Ces demi talens Mépri-

sent les plus grands, Et la haine que

j'ai pour l'abrégé; Mais j'ai, dans les nou-

veaux, Bien des rivaux. L'un d'eux,

nommé *Le Gros*, L'un de nos gros,

à vingt-sept cordons, Natte les chignons ;
Les re-tappe tous, De dix-huit goûts.
Chacun, malgré son renom, dit :
» Laissez Le Gros ! Pre-nez Le Long !
» Où, voulez-vous faire mieux? Essayez des
» Deux ! L'un re-ta-pe, Et de dix-
» huit goûts différens; L'autre attrape mieux
» les devants. Chacun, malgré son re-

- nom dit; » Laissez *Le Gros!* Prenez *Le Long!*
» Où, voulez-vous faire mieux? Essayez des
» Deux! Pour bien re-ta-per un devant;
L'a-juster en le re-le-vant; Et l'atta-
-cher solidement; Oh! c'est là mon élément;
Pour tresser les cheveux u-sés,
Des chignons tant de fois fri-sés;
Pour soigner les cheveux naissans;

Placer aux mieux les Croiſſans , Les Ai-

grettes ; Un Abbé le céde à Le Long ;

Un Robin n'en ſçait pas plus long ;

Voulez-vous m'eſſayer , Fil - let-tes ?

Vous ſavez mon nom. Je m'appelle Le

Long , Coëffeur de renom ; Je ſuis un peu

long ; Malgré cela , l'on ne ſe plaint ja-

mais , Du tems qu'à mon ouvrage , je mets.

LVIII.

BOUQUET. (a)

Sur l'Air - Le cœur que vous m'avez donné.

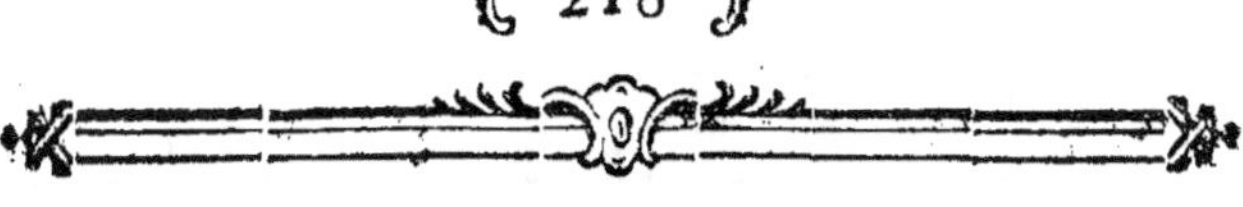

(a) Cette Chanfon étoit adreffée à une jeune Dame qui n'avoit effayé de jouer la Comédie, que pour plaire à l'Objet qu'Elle aimoit. L'on faisît, pour rappeller les fuccès qu'elle avoit eus dans différens rôles, l'occafion de fa Fête.

DE peindre la *Frivolité*,
   L'on chargea notre Actrice;
L'on rît de voir l'*Égalité* (*b*),
   Sous les traits du *Caprice*;
Mais quand, d'un *cœur tendre & sans fard*,
   Elle offrît la peinture,
Chacun dît: » C'est un vol que l'Art
   » A fait à la Nature.

(*b*) Ce Couplet & le suivant, avoient pour objet de
rappeller les succès qu'Elle avoit eus dans les rôles de
Céliante, de *Nanine*, & dans celui d'*un Abbé*.

Est-ce Elle, eſt-ce un Abbé coquet?
   Son Sexe en rien ne perce ;
Maint tendron, pris à ſon caquet,
   A s'abuſer s'exerce ;
L'erreur ſe ſoutient juſqu'au bout !
   Du Plaiſir, Cet Apôtre,
Hors un droit qui nous reſte, a tout
   Ce qu'un Sexe aime en l'autre.

Son jeu fait valoir des eſſais
   Qu'à riſquer elle invite ;
L'Amour jouit de ſes ſuccès,
   Et Thalie en profite ;
Chagrine de n'avoir qu'un jour
   Pour chanter ſa Conquête,
Dont, au Calendrier d'Amour,
   C'eſt tous les jours la Fête.

LIX.

LE TEMPLE
DU PLAISIR,
DUO.

Ce Duo veut être chanté à demi-voix.

Sur l'Air — Beaucoup, beaucoup, beaucoup d'Amans.

du Plaifir ; Je vois le temple ; Je
du Plaifir ; Je vois le temple ; Je
fuis l'e - xem - ple de maint Ob-
fuis l'e - xem - ple de maint Ob-
- jet Qu'il at - tire à fon gré ; Di-
- jet Qu'il at - tire à fon gré ; Di-
- fant » Venez, Je l'ou - vri - rai, Ve-
- fant : » Venez, Je l'ou - vri - rai, Ve-

MAIS le Defir,
(Qui l'eût jamais cru !)
Si près du Plaifir,
Ne l'a jamais vu ;
Defir nous ouvre ;
Defir découvre,
Du Dieu qu'il fert le voile & les tréfors ;
Nous fait entrer, refte dehors ;
Toujours, toujours, toujours dehors.

MAIS, comme il fçait
Peindre tout en beau,
Du Plaifir il fait
Un riant tableau ;
Vouloir le rendre ,

C'eſt vous apprendre,
Ce que l'Amour vous apprit cent fois mieux;
Ce que ce Dieu mit dans vos yeux,
Mit dans, mit dans, mit dans vos yeux.

L'ARDEUR d'entrer
Croît en l'écoutant;
On veut pénétrer
Dans le même inſtant;
Deſir nous cede;
Deſir nous aide;
La porte ouverte, on chante à petit chœur:
» Entrons! j'y ſuis; ah! quel bonheur!
J'y ſuis, j'y ſuis; ah! quel bonheur!

UN jeune Enfant,
L'Aveugle du lieu,
D'un air engageant,
Quêtoit chez le Dieu;
Et pour l'aumône
Que l'on lui donne,
Si joliment dit l'oraiſon du jour,

Qu'on

Qu'on le trouvoit toujours trop court ,
Toujours, toujours, toujours trop court.

CHER au Plaifir ,
Qui lui fert d'appui ,
Il fçait le faifir ,
Il vous mene à lui ;
Et fouvent même ,
Du Dieu qu'il aime ,
L'aveugle enfant difpenfe les bienfaits ;
Il perce à fond tous fes fecrets ,
A fond, à fond tous fes fecrets.

COUPLET D'AUTEUR.

POUR attirer
Les foibles talens ;
Pour les raffurer ,
On dit qu'en ce tems ,
On y difpenfe
Mainte indulgence ,
A tout Auteur qui manque fon fujet.
Defir leur tient lieu de l'effet ;
Me tient , me tient lieu de l'effet.

Tome III.　　　　　　　　P

L X.

L'ABBÉ QUILLE et L'ABBÉ GUEULE.

ANNONCE DE PARADE.

Sur l'Air - Je suis pour les Dames, moi.

(a) Expression triviale dont on se sert pour dire battus.

mille; J'dis qu'c'eſt l'Abbé quille, Moi;

J'dis qu'ç'eſt l'Abbé quille.

Y a peu d'Abbés (faut lui rendre juſtice)
Qui vaillent ç'tAbbé là ;
Mais comme il m'a rendu mauvais ſervice,
Pardine i' me l'payra.
Il a dit à
Ma Nieç' qu'il trouvoit ſeule,
» Laiſſons la Bégueule
» Là ,
» Laiſſons la Bégueule.

LXI.

CHANSON

DU JOUR DE L'AN. (a)

Sur un Air *de* M. *L****

(a) Cette Chanfon a été faite de Société par MM.
de M * * * *. & L * * *.

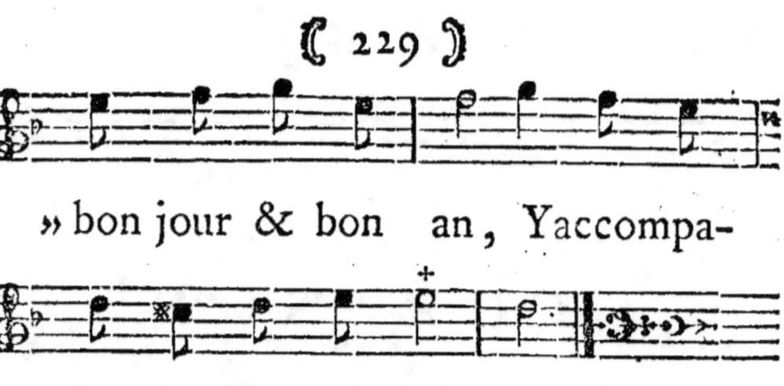

Moi, qui sçais tout le Compliment,
Du jour de l'An, tout couramment,
Comme je sçais mes Patenôtres;
J'répons, sans chercher un moment;
= Compere, & moi pareillement,
= Yaccompagné, &c.

» Comment, m'dit-il, va le Voisin,
» Et la Cousine & le Cousin?
» Comment se portent tous les vôtres?
» Comment l'Enfant se porte-t-i'?
» Comment se porte le Mari?
Yaccompagné, &c.

» Comere, entrez, entrez chez nous,
» J'ai d'excellent vin zà fix fous :
» Le vôtre ne vaut pas le nôtre.
  Je n'me fis pas prier beaucoup ;
  J'entris : nous y bûmes t'un coup,
        Yaccompagné, &c.

Quand il eut ben lavé fon cœur,
Le voilà qui, comme un Seigneur,
Le long de la table fe veautre ;
I' me fait poliment la cour,
En pouffant un hoquet d'Amour,
        Yaccompagné, &c.

Il devient trop enterprenant,
Je le repouffe rudement ;
Sus vot' refpect, j'l'envoie aux piautres ;
Il met la main à mon corcet ;
Mais j'vous l'régale d'un foufflet,
Yaccompagné de plufieurs autres.

Il m'embraſſa, je me fâchai ;
Il redoubla, je m'appaiſai ;
Il ſçavoit ben, le bon Apôtre,
Qu'un premier baiſer nous déplaît,
Mais qu'on pardonne, quand il eſt
Yaccompagné de pluſieurs autres.

P iv

LXII.

CHANSON

BACHIQUE.

Parodie sur un Air nouveau.

GOUTONS, enyvrés de ce jus, La douceur

d'être enfemble ! Chantons l'Amour,

Chantons Bacchus, Dont le charme

nous raffem - ble ! I - ci l'Amour dit

fans fa - çon, Aux Graces qu'il de-

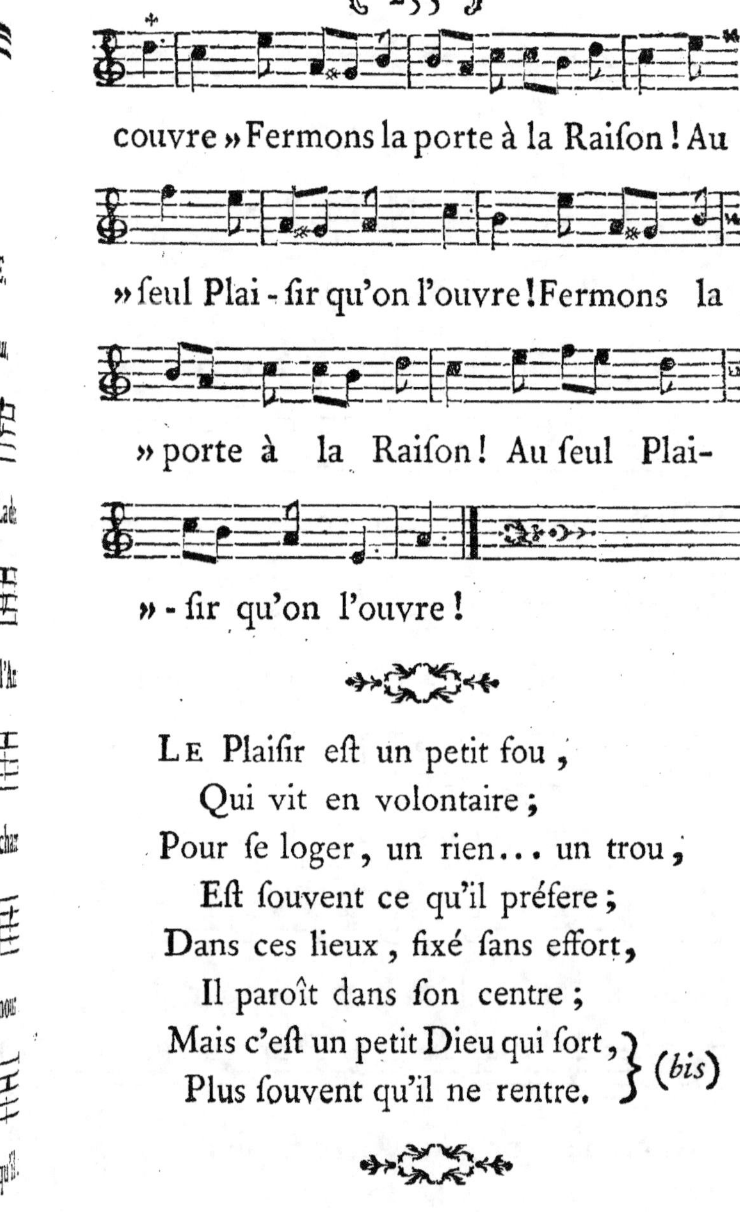

LE Plaisir est un petit fou,
    Qui vit en volontaire ;
Pour se loger, un rien… un trou,
    Est souvent ce qu'il préfere ;
Dans ces lieux, fixé sans effort,
    Il paroît dans son centre ;
Mais c'est un petit Dieu qui sort, ⎫
Plus souvent qu'il ne rentre. ⎭ *(bis)*

L'INSTANT qui bannit la Raison,
  Eſt l'inſtant qui l'anime ;
Lui ſeul m'a dicté ma Chanſon ;
  C'eſt par ma voix qu'il s'exprime :
Il dit, » qu'en vuidant maint flacon,
  »L'on ſaiſit mieux la rime ;
»Si l'on en critique le ton ,
  »Qui pourra limer , lime ! } (bis)

POUR fixer cet Enfant léger ,
  De fleurs on le couronne ;
On s'occupe ici d'allonger
  Les doux momens qu'il nous donne ;
S'il veut ici, comme à Paphos ,
  Un autel qu'il mérite ;
Au bruit des verres & des pots ,
  Amis , dreſſons le vîte ! } (bis)

LXIII.

M. CHAMPAGNE
ET MANESELLE SIMON,

O U

Tout vient à bien à qui peut attendre.

CHANSON DE PARADE. (*a*)

Sur un Air de M. de M***.

MONSIEUR Champagne eſt un Garçon

Qui vous aime un peu la fil‑let‑te ;

(*a*) Dans cette Chanſon, faite pour être jouée, il faut obſerver de rendre, en faiſant parler *M. Champagne,* l'air gauchement entreprenant d'un Manant qui ſe croit de l'eſprit, & ſoutenir, dans tous les propos de *Mademoiſelle Simon,* l'air à prétentions & le ton ironique.

(b) Avec le sourire du dédain. (c) Pour qu'est-ce que c'est.

SARPEDIÉ ! dit - i’ ; moi qu’eſt r’tort ,
Man’ſell’ v’là qu’vous m’rendez tout choſe ,
J’vois ben qu’vous ête’un eſprit fort...
     Ça m’f’roit jurer comme un Rat mort ;
Mais v’là mon magot (d) ; j’vous l’propoſe ;
Ell’ vous repond , z’à ç’doux propos
          » *Monſieu tout choſe* ,
          » R’pliez vot’ choſe ,
     » J’donn’ pas t’encor dans les *Magots.*

* * *

= MAN’SELL’ du moins buvons t’un coup !
(= J’ſçais ben qu’Man’ſell’eſt d’ſſus ſa bouche ;)
                         (Riant ironiquement.)
» Un coup , Monſieur ?.. Mais c’eſt beaucoup !
= Quoi ! vous m’gouaillez t’encore un coup ?
          (S’adouciſſant , & prenant le verre.)
» Non ; tant de perſiſtanç’ me touche ;
» Champagn’ , mets-toi là , mon Enfant !
          » Quoiqu’on ſoit bruſque ,
          » Ça ne n’va pas juſque ,
               (Faiſant l’action de trinquer.)
     » Zà r’fuſer un coup z’en paſſant.

(d) Expreſſion triviale pour dire tout ce que j’ai
d’argent.

MONSIEU Champagn', tout éberloui (e)
De voir que Man'sell' Simon trinque
Avec un air tout réjoui;
(Ell' qui jamais n'avoit dit oui !)
I' vous l'y en verse, & mêm' si ben que
Certain propos tà bout portant,
    Si ben s'enfile,
    D'fil en aiguile , (f)
Qu'Man'sell' Simon n'fit plus qu'l'enfant.

(e) Pour ébloui.   (f) Pour aiguille.

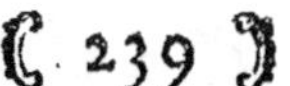

LXIV.

JACOT ET JACQU'LAINE.

CHANSON PAYSANNE. (a)

Sur un Air de M. L***

(*a*) Il faut obferver, dans cette Chanfon, que c'eft une bonne Payfanne qui fait elle-même le récit de fes amours, & qui cherche à rendre intéreffant fon Amoureux, qu'elle fait parler, à chaque Couplet, d'un ton plus fuppliant & plus attendriffant.

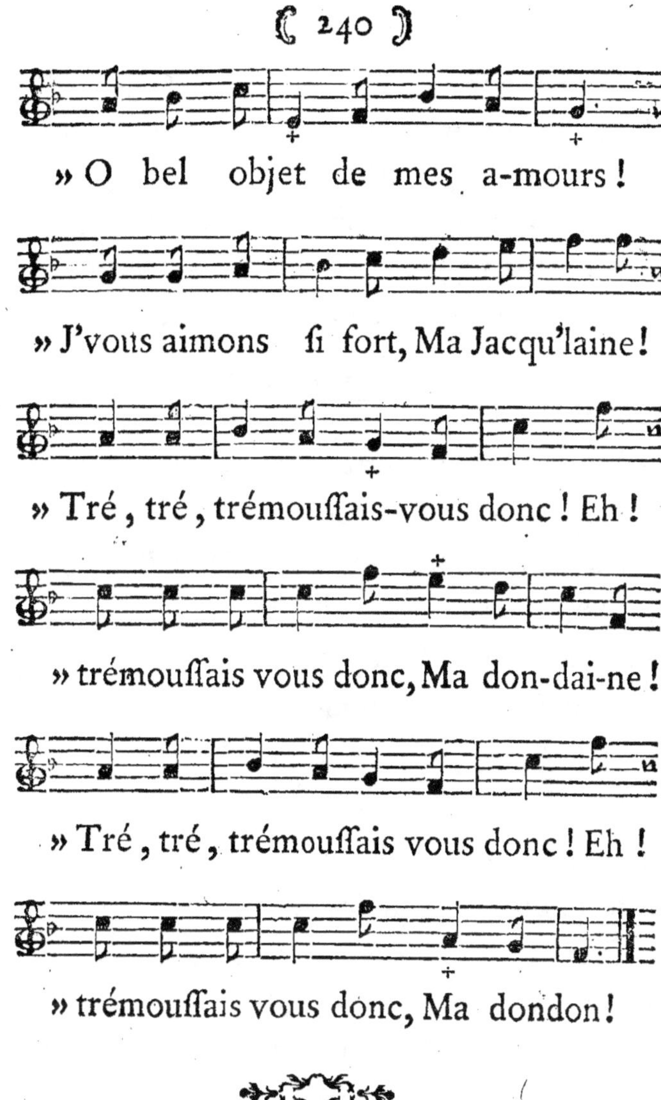
» O bel objet de mes a-mours !
» J'vous aimons si fort, Ma Jacqu'laine !
» Tré , tré , trémouffais-vous donc ! Eh !
» trémouffais vous donc, Ma don-dai-ne !
» Tré , tré , trémouffais vous donc ! Eh !
» trémouffais vous donc, Ma dondon !

E N

» En m'levant j'penfe à vous, Jacqu'laine,
» J'penfe à vous, Jacqu'laine, en m'couchant.
» Toute la nuit j'penfe à Jacqu'laine,
» J'croyons vous tenir en rêvant;
» Je n'vous tiens pas, v'là ce qui me chagreine...
  » Tré, tré, trémouffais, &c.

» Un jour j'enfournais d'la fareine,
» Qu'en penfant à vous j'pétriffois,
» Eh ben, j'en enfournais, Jacqu'laine,
» Deux fois plus que je n'avifois !
» J'n'ai dans l'efprit que votre meine.
  » Tré, tré, trémouffais, &c.

» V'la le Carnaval qui s'avance;
» Je ferons cuir' pour vos appas,
» Crêpes, gâtiaux en abondance,
» Pour vous fair' faire l'Mardi - Gras.
» Rian n'me coût'ra pour vous, Jacquelaine.
  » Tré, tré, trémouffais, &c.

» J'v o u s avons baillé pour étrenne,
» (Ç'n'eſt pas que j'nous en repentons,)
» Eun biau corps garni de futaine,
» Pour faire (b) ermonter ç'que j'lorgnons ;
» Voyez qu'ça leux ſied bian, Jacqu'laine !
  » Tré, tré, trémouſſais, &c.

⋆⟶❧❦☙⟵⋆

» Maintenant qu'ſur eux j'ai la meine,
» Pour ertenir (c) ç'que j'ſens, hélas !
» Si vous ſçaviais comm' je me gêne ! …
= Eh ben, Jacot, n'vous gênais pas ; …
» Quoi ! vous me l'parmettez, Jacqu'laine ? …
  » Tré, tré, trémouſſons-nous donc !
» Eh, Trémouſſons-nous donc, ma Dondaine !
  » Tré, tré, trémouſſons-nous donc !
» Eh, Trémouſſons-nous donc, ma Dondon !

(b) Pour remonter.   (c) Pour retenir.

LXV.
COUPLETS
POUR L'ANNIVERSAIRE
DE M. L. M. DE *** (a)

Sur l'Air - C'est la chose impossible.

(a) Cette Chanfon avoit trait à un voyage qu'il avoit entrepris pour parvenir à la connoiffance des longitudes fur Mer.

Q ij

VÉNUS vous voyant fur les flots,
  Seconder l'art qui vous appelle,
Par fes Colombes, à Paphos
  Vîte en dépêcha la nouvelle;
Chaque Nymphe y difoit : » Il va
  » Avec le tems, avec l'étude,
» Etendre la , la , la , la , la , la , la , la ;
  » L'art de la Longitude.

(b) Montrant fon cœur.

L'ENCENS brûla sur les Autels ;
Ce bruit ranima les Prêtresses,
Et rendit les vœux des Mortels,
Plus agréables aux Déesses ;
Dans le séjour où l'encens va,
Si l'on connoît la latitude ;
On tient à la , la , la , la , la , la ,
L'art de la Longitude.

MAIS laissons le séjour des Dieux !
Leur lot, en tout tems, les contente ;
Mortels, de droit plus foibles qu'eux,
Nous prisons l'effort que l'art tente,
Femme tient au *nec plus ultrà*,
Belle ou Laidron, Coquette ou Prude,
Tout tient à la , la , la , la , la , la ,
L'art de la Longitude.

POUR Nous, prenons, fans les compter,
Les Plaifirs qu'en ces lieux on trouve !
Puiffent les Dieux, pour ajouter
A ceux que notre cœur éprouve,
Prolonger fes (b) jours ! comme il a,
Avec la fatigue & l'étude,
Etendu la, la, la, la, la, la,
L'art de la Longitude.

(c) Montrant l'objet de la Fête.

LXVI.
L'ORAGE.
RONDE. (a)

Air *de M. L****

(a) Cette Ronde, faite de société par MM. F***
& L***, veut être chantée avec le ton craintif &
pleureur, d'une petite personne qui tremble d'être grondée;
on doit entrecouper de soupirs, le ton d'humeur qui
doit s'accroître jusqu'aux larmes.

Q iv

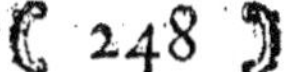

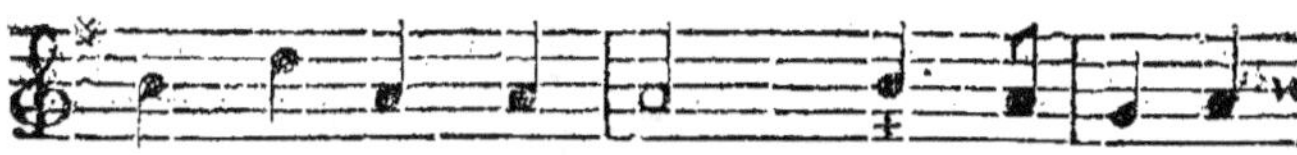

JE trouvai le jeune Guillot;
 Qu'allois-je y faire?
I'm'dît d'entrer dans son battiau;
Je le fis; le tems étoit biau:...
 Qu'en dira ma Mere! &c.

I'M'DIT d'entrer dans son battiau;
 Qu'allois-je y faire?
Le Fripon lâchît le cordiau,
Je me vîs au mitan de l'iau;...
 Qu'en dira ma Mere! &c.

Je me vîs au mitan de l'iau;
    Qu'allois-je y faire?
Un orage vint aussi-tôt,
Je m'écriois, à chaque flot:
    « Qu'en dira ma Mere! &c.

Je m'écriois à chaque flot,
    » Qu'allois-je y faire!
L'iau qui tomboit dans le battiau
Perça le lin de mon troussiau.
    Qu'en dira ma Mere! &c.

Perça le lin de mon troussiau;
    Qu'allois-je y faire?
De frayeur je serrîs Guillot,
Qui mé couvrît de son mantiau; ...
    Qu'en dira ma Mere, &c.

QUI me couvrît de son mantiau ;
    Qu'allois-je y faire ?
Puis il ramît si bian, si biau,
Qu'il me mît à bord sous l'ormiau ;....
    Qu'en dira ma Mere ! &c.

QU'IL me mît à bord sous l'ormiau ;
    Qu'allois-je y faire ?
Je retournîs dans le hamiau,
Etourdie encor du battiau ;
    Qu'en dira ma Mere ! &c.

LXVII.
REGRETS
DES MUSES. (a)
RONDE.

Air *de* M***

Non, jamais Mu - se ne fut len-te

A re - lever le Mai qu'on plante;

Mais on chante d'un ton plus bas, Le

(*a*) Cette Chanson fut faite fur ce que l'on avoit interverti l'ufage de planter le Mai. Elle doit être plutôt parlée que chantée ; il faut varier le ton de chacune des Mufes ; prêter au Couplet de Melpomene le ton tragique, à celui de Thalie celui de la gaîté ; ainfi des autres.

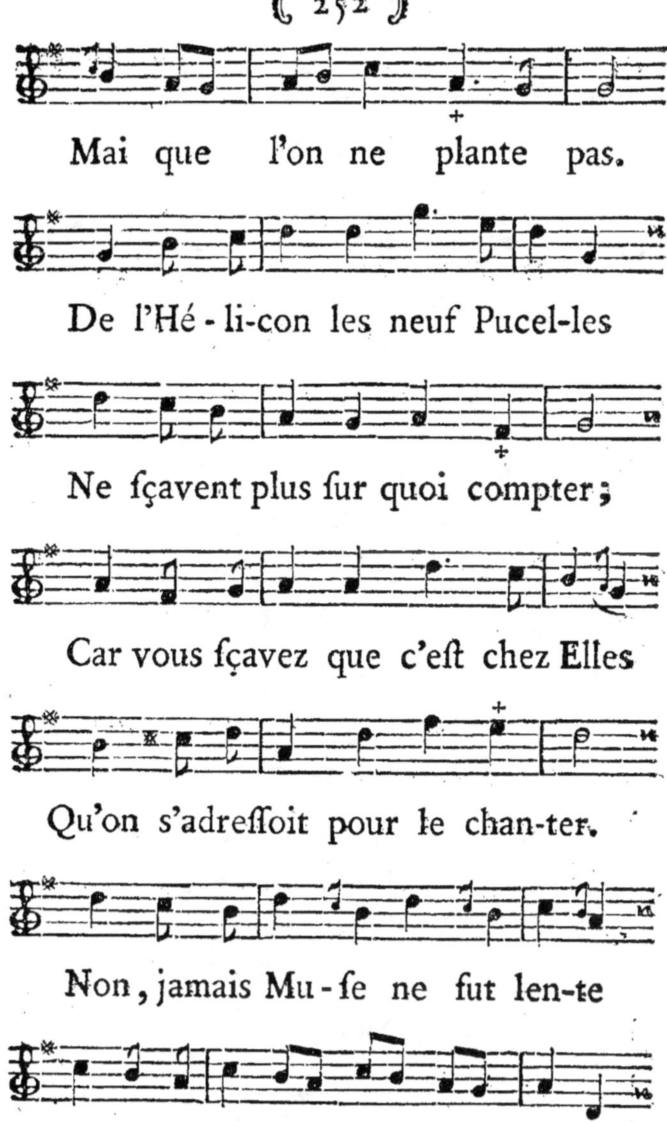

Mai que l'on ne plante pas.
De l'Hé - li-con les neuf Pucel-les
Ne fçavent plus fur quoi compter;
Car vous fçavez que c'eſt chez Elles
Qu'on s'adreſſoit pour le chan-ter.
Non, jamais Mu-ſe ne fut len-te
A re-le-ver le Mai qu'on plante;

» MA Sœur ! dit la Muse Tragique,
» L'on a cessé de le planter !
» Ma Sœur, dit la Muse Comique,
» Ne se plaît qu'à Nous attrister.
　　　Non, jamais, &c.

VINGT fois, la Muse de l'Histoire,
Dans son grand Journal, veut en vain
Du Mai rappeller la mémoire ;
La plume échappe de sa main :
　　　Non, jamais, &c.

» MA foi ; Mes Sœurs, dit Terpſicore,
» Sont réduites à déchanter ;
Pour moi , j'oſe le croire encore,
C'eſt reculer pour mieux ſauter.
Non, jamais, &c.

EUTERPE dit : » Ah ! quelle angoiſſe !
» Pauvres Bergers ! eh ! que diront
» Toutes vos Dames de Paroiſſe ,
» Sans Mai quand elles ſe verront ?
Non, jamais, &c.

» POUR moi, dit la Muſe qui toiſe,
» J'ai des regrets & moins de ſoins ;
» Car vingt Dames m'ont cherché noiſe ,
» Souvent pour un *bibus* de moins.
Non, jamais, &c.

» MAIS ! dit Celle qui peint les Rofes,
Si bien qu’on croiroit les faifir,
» Pourquoi laiffer tomber les chofes
» Qui peuvent donner du Plaifir ?
Non, jamais Mufe, &c.

LA Mufe des Chanfons légeres,
Près du Mai, fe grattant le front,
Rêve ; & fait accroire aux Bergeres,
Qu’un jour les chofes reviendront.
Non, jamais Mufe, &c.

CELLE des Aftres, des Planettes,
Confultant cet accident là,
Croit voir au bout de fes lunettes,
Que le Mai fe relevera.
Non, jamais Mufe, &c.

E N V O I. (b)

TERMINEZ leurs plaintes cruelles !
Votre fort eſt-il aſſez doux ?
Pour ſatisfaire neuf Pucelles,
Le cœur n'attend qu'un mot de Vous.
Non, jamais Muſe ne fut lente
A relever le Mai qu'on plante ;
Mais on parle d'un ton plus bas,
Du Mai que l'on ne plante pas.

––––––––––

(b) A l'objet de la Fête.

LXVIII.

LXVIII.

DISSERTATION

IMPORTANTE. (a)

Sur l'Air - De Dagobert en France.

(a.) Cette Chanson, insérée dans un Divertissement intitulé, *La Renaissance d'Isaure*, étoit chantée par un vieux Poëte de la Cour d'Amour.

Tome III. R.

po-fe que » c'eſt l'air De Dagobert, de

» Dagobert , De Dagobert en France.

BIEN aimer étoit du bel air ,
Dans ces tems d'innocence ;
Le cœur parloit, & parloit clair ;
Loyal & ſimple comme l'air
De Dagobert , &c.

TOUT le Clergé faiſoit des Vers,
Révérence , Eminence ,
On voyoit, juſqu'aux petits Clercs,
Prendre la meſure de l'air
De Dagobert , &c.

QUAND aux Couvents les vieux Paters,
    Négligeoient la cadence ;
Auſſi-tôt, les Freres Convers,
Les relevoient, leur montroient l'air
    De Dagobert, &c.

JONGLEURS & Troubadours, Experts
    En joyeuſe Science, (b)
Ne chantoient qu'Amour dans leurs Vers,
Et l'ajuſtoient au mieux, ſur l'air
    De Dagobert, &c.

PARMI ces Troubadours divers,
    Un Roi prenoit ſéance ;
Philippe - le - Long, dont les Vers
Etoient auſſi loyaux, que l'air
    De Dagobert, &c.

____

(b) Expreſſion de ce tems, pour déſigner la Poëſie.

IL m'apprit l'air dont je me fers,
Sous la douce efpérance
Qu'un Prince (c) à qui les Arts font chers,
Portant fon nom, chériroit l'air
De Dagobert, de Dagobert,
De Dagobert en France.

(c) Défignant l'objet de la fête.

LXIX.

LE SAVETIER,

ANNONCE DE PARADE. (a)

Sur l'Air – Jardinier ne vois-tu pas ?

(a) Cette Chanfon, faite pour être jouée, & dans laquelle on a cherché à faire entrer les mots & les outils les plus familiers au Métier qu'elle annonce, veut être chantée gaîment, & de maniere à défigner la douce fatisfaction d'un homme bien perfuadé qu'il excelle dans un Métier auquel il attache la plus grande importance. Auffi le Chanteur doit-il mettre un petit repos après l'avant-dernier Vers de chaque Couplet ; comme s'il vouloit laiffer deviner comment il va le terminer.

BIEN souvent, au point du jour,
   Ma Voisine Mad'leine,
A ma Boutique vient, pour
Voir si je ne suis pas court
   D'haleine, *d'haleine*, *d'haleine.*

MARGOT aime les Violons;
   Moi, j'y trouve mon compte;
La Danse use ses talons;
Et Margot vient m'dire : » Allons!
   » *Remonte! Remonte! Remonte!*

JEANNE un jour, pour un joujou,
Prît mon *emporte-piece*;
Ce joujou lui fit un trou,
J'y remis, comme un bijou,
La Piece, la Piece, la Piece.

JE connois un Moine noir,
(Sans nommer le Maroufle)
Je vous dirai l'éteignoir,
Dont il couvre son bougeoir;
Pantoufle, Pantoufle, Pantoufle.

QUE de Docteurs, qui vous ont
Une science énorme,
Vous en montreroient plus long,
Comm'nous, s'ils joignoient au *fond*,
La Forme, la Forme, la Forme!

LXX.

LA PRÉSIDENTE. (a)

*Sur un Air de M. L****

(a) Dans cette Chanfon, faite pour être jouée, le Chanteur doit chercher à peindre une Femme à pré-tentions, & dont l'amour - propre eft vivement bleffé ; il faut que la morgue & le dépit y foient progreffifs, & que les Refreins, de Couplet en Couplet, foient plus animés.

DANS mon cabinet de toilette,
Un jour j'étois ;
Profondément fur ma couchette
Je repofois ;
Je crois rêver que mon lit tremble...
Cela m'éveille ; & je vous voi !

Vous deviez, pour entrer chez moi,
Vous faire annoncer, ce me semble ?
Ah ! je vous trouve, &c.

J'ALLOIS vous prouver comme on traîte
        Un indiscret ;
Quand Monsieur, dans ma gorgerette,
        Place un bouquet !
Soudain, l'audace m'effarouche ;
Je suis prête à vous en payer,
Quand pour m'empêcher de crier,
Monsieur me ferme la bouche !
        Ah ! je vous trouve, &c.

UN Autre, plus fait que vous n'êtes,
        A s'excuser,
Eût trouvé des moyens honnêtes
        Pour m'appaiser ;
Mais aussi-tôt vous entamâtes
Le chapitre de vos amours ;
Puis, au premier point du discours,
Le dirai-je ? vous demeurâtes.
        Ah ! je vous trouve, &c.

QUAND on entame une matiere,
On la finit;
Vous perdez, fur mon âme altiere,
Votre crédit;
J'oubliois déja votre audace;
Mais refter court, qui l'auroit cru!
La conclufion auroit dû,
Sans doute, obtenir votre grâce.
Ah! je vous trouve, &c.

LXXI.

DUO

EN RONDEAU. (a)

Parodié sur l'Air – Tique tique taque Amour sans fin.

(a) Ce Duo fut demandé à l'Auteur, pour être chanté à Table par un Homme & par une Femme, à une jeune Dame dont on célébroit la Fête.

a - voir du re - gret quand on fi-
Pour un
- nit trop vî - te. Allons vîte &
Ob - jet qui nous plaît, à chan - ter
vîte! un petit couplet! Tra-vail-léz donc!
faut - il qu'on m'ex - ci - te!
vî - te, vî - té, vî - te, vî - te, vî - te!

On doit a - voir
Je n'en tiens pas quit - te, vî - te,
du re - gret, Quand on fi -
vî - te, vî - te, vî - te ; Un petit cou -
nit trop vî - te. A fa fête, dans ce fé -
FIN.
plet eft bientôt fait.
FIN.
jour la Gaité vient, C'eft fon ufage ; Veut-on

fçavoir pourquoi ? C'eſt pour rire à ſon ima-
ge. Pour un, &c. te.
Allons vî - te, &c. fait.
Comme nous, o - ſés eſ - ſay-er ! L'eſprit
Comme vous, je veux m'eſſayer ; Si J'al-
fçait jouer plus d'un rô - le ; Deux beaux
- lois ri-mer par bri - co - le ? Le Cœur

yeux font fûrs d'en - voyer le cœur
peut fou - vent en - voy - er L'ef - prit
à l'é - co - le. Ponr un, &c. te.
à l'é - co - le. Allons vîte, &c. fait.
D'un de fes re - gards,
ra - ni - mer les Arts, & combler leurs

voenx

Ton

vœux, d'un sou-ri-re, C'est un don qu'El-
le a ; l'Amour le vo-la à Psiché, qu'il
voit dans Thé-mi-re.   Pour un, &c. te.
Allons vìte, &c. fait.
est charmant!
En - cor!...

quoi ! Loin de me fuivre il fe laffe Sai-
une ou deux fois, paf-fe.
fir le mo – ment...
pour un, &c. te.
Al-lons vî-te, &c. fait.
je refte court. Quoi ? bon !
bon ! C'eft qu'il veut

quatre couplets !
ri-re   Bon ! Le
Le tems !...
cœur compte - t'il   donc ?   Eh ! fi
donc !...Buvons tous à Thémire ! S'il compte; pour
nous, Amis, ne comptons pas les coups !

S ij

(b) Versant à boire à ses voisins.

S iij

LXXII.

LE RETOUR DU SOLDAT,

CHANSON GRIVOISE. (a)

*Sur un Air de M. L****

(a) Cette Chanson est faite pour être jouée dans le genre grivois & franc d'un Soldat. Il faut marquer plus d'humeur & de dépit de Couplet en Couplet, à l'exception du dernier, dans lequel le dépit s'affoiblit, de maniere à laisser croire que le Soldat a convaincu Mlle. *Catin* de la force de ses raisons.

v'là ronde comme un tambour ; J'vous
trouvarions encor plus bel-le, Si
Vous n'm'étiez point zin - fi - de - le ;
J'fuis ben aïs' de vous l'dir', Ca - tin ;
C'eft qu'ça n'vous va brin, ça
n'vous va brin.

Sont-ç'les façons, font-ç'les magnieres
Que vous d'vez avoir avec moi,
Quand j'ons r'buté nos Vivandieres,
Pour être fidel à ma foi?
Vous pernez (*b*) des airs de Sournoifes;
Ça n'appartient qu'à nos Bourgeoifes.
  J'fuis ben aif' de, &c.

J'vous avons vu parler tendreffe,
Avec ç'biau Procureux Fifcal;
Si j'n'en avions rian vu, traîtreffe,
 Ce n'feroit encor que d'mi (*c*) mal;
Mais d'vant Moi m'traiter en jocriffe!
Moi, qu'ai fait fept ans de Melice! (*d*)
  J'fuis ben aif' de &c.

(*b*) Pour prenez.
(*c*) Pour demi.
(*d*) Pour Milice.

J'fçavons, j'fçavons ben qu'une Femme
Se plaît toujours au fruit nouvieau ;
Encor, fi l'Objet de vot' flamme,
Etoit queuque gros Etourniau ;
Mais un Robin, à maigre face !
C'eft-i' fait pour remplir ma place ?
J'fuis ben aif' de , &c.

EN m'en r'venant, pour Vous j'achete
Un bouquet ben touffu , ben biau ;
Vous parfarez (e) une fleurette
Qui vous viant de ce Houberiau ;
Je l'couvrirois de ma mouftache ; . . .
Ce farluquet, d'Moi vous détache !
J'fuis ben aif' de , &c.

(e) Pour préférez.

IL a d'l'efprit quand il harangue ;
J'agiffons, fi je n'difons rian ;
Pis, (e) mon p'tit cœur, ç'n'eft pas la langue
Qui fait que l'mariage va bian ;
Par la jarni ! ce minois blême
Vous f'roit jeuner, yavant l'Carême.
    · J'fuis ben aif' de, &c.

(e) Pour puis.

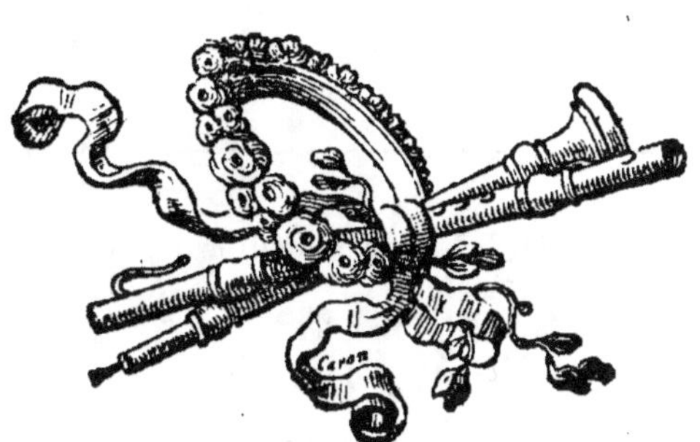

LXXIII.

SUZON LA CAMARDE, (*a*)

RONDE DE PARADE.

Sur l'Air - Ah mon guieu, que de jolies Dames !

PREMIERE COMERE.

C'EST Suzon la Camarde, (ſçav'vous (*b*)

Ç't'hiſtoir' là ? (*bis*) Un Monſieur zà co-

(*a*) Pour prêter à cette Chanſon le peu de plaiſant qu'elle peut avoir, il faut que le Chanteur prenne la voix de deux Comeres, dont l'une conte une hiſtoire à l'autre qui fait ſes réflexions, & croit les faire entendre à Suzon. Auſſi faut-il que les Refreins ſoient animés, ſelon la progreſſion de la Chanſon.

(*b*) Pour ſçavez-vous.

1ʳᵉ. *Comere.* UN Monſieur zà cocarde
I’ vous y en conta ; …

Ceci ſe parle. 2ᵈᵉ. (*J’l’avois ben dit.*) …
Un Monſieur zà cocarde
I’ vous y en conta ;

1ʳᵉ. Suzon, qu’eſt zé grillarde, …

2ᵈᵉ. » Oh ! j’gag’ (b) qu’ell’ l’écouta ;

» Mais Suzon, mais pernez donc garde ! &c.

(b) Pour je gage.

1re.   SUZON, qu'eſt zégrillarde,
D'abord le gouailla...
    2de. (*Oh, oh !*)
Suzon, qu'eſt zégrillarde,
D'abord le gouailla,
1re.   I' zy offre la poularde.
2de. » Oh ! j'gag' qu'alle en tâta !
» Mais Suzon, mais pernez donc garde ! &c.

1re.   I' zy offre la Poularde,
Dam' ça la tenta.
    2de.   (*Ç'te goulue !*)
I' zy offre la Poularde,
Dam' ça la tenta ;
1re.   All' demand' qu'on la larde ;
2de.   » Oh ! j'gag' qu'on la larda !
» Mais Suzon, mais pernez donc garde ! &c.

⁕⁕✧⁕⁕

1de.   ALL' demand' qu'on la larde ;
       L'Monſieur la larda.

2de.   (*J'l'avois ben dit.*)
       All' demand' qu'on la larde ,
       L'Monſieur la larda ;

1re.   V'là-t-i' pas qu'on les r'garde ! (c)

2de.   » Oh ! j'gag' qu'on les verra !

» Mais Suzon , mais pernez donc garde ! &c.

⁕⁕✧⁕⁕

1re.   V'LA-t-i' pas qu'on les r'garde !
       I'n'voyoient rien d'ça.

2de.   (*Ces aveugles !*)
       V'là-t-i' pas qu'on les r'garde
       I' n'voyoient rien d'ça ?

1re.   Car Suzon, la camarde ,
       En riant cria :

                (En riant d'une maniere ſournoiſe.)
» Aï ! Monſieur !... Mais * pernez donc garde !
       Z'on s'échauffe à ça.

———————————————

(c) Pour regarde.

LXXIV.

LES PETITS JEUX. (a)

Sur l'Air - Chacun a son ton, son allure.

Si ces petits jeux Semblent, à vos

yeux, De l'enfance un vrai badi-na-

(a) Cette suite de Couplets, placée dans un Divertissement de *Parade*, avoit trait à différens *petits Jeux* travaillés en ivoire, & si délicatement, qu'ils avoient en quelque façon besoin d'être expliqués. Ils étoient présentés par un Jardinier & une Jardiniere, à une jeune Dame qui avoit dit qu'à son retour de la campagne, son premier soin seroit d'acheter pour ses Enfans les *petits Jeux* auxquels sont analogues les Couplets que l'on va voir.

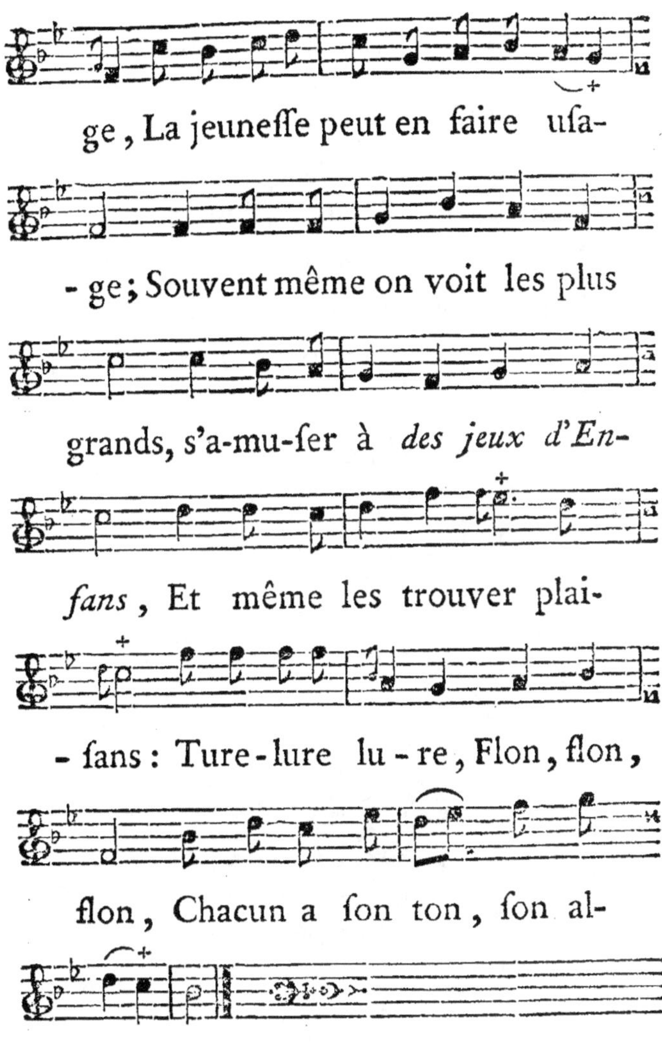

ge, La jeunesse peut en faire usa-
-ge ; Souvent même on voit les plus
grands, s'a-mu-ser à des jeux d'Enfans, Et même les trouver plai-
-fans : Ture-lure lu-re, Flon, flon,
flon, Chacun a son ton, son al-
lu - re.

1. *Les*

1. *Les Onchets.* 2. *Le Bilboquet.*

L'ART de ce jeu-ci
Confiste en ceci ;
C'est de lever avec justesse ;
Mais Celui-ci veut ben plus d'adresse.
Ben ajuster est l'fin du jeu ;
Car, s'il faut qu'on s'écarte un peu,
L'on manque le juste milieu ;
Ture-lure, lure,
Flon, flon, flon.
Chacun a son ton,
Son allure.

LXXV.

AUTRE

Le jeu du Trou-Madame.

Sur l'Air - Des fraises, des fraises, des fraises

Noté dans les A-propos, *Tome III,* pag. 261

VOUS voyez ben ce bijou ?
Queut'zun qui, sur mon ame,
Est connoisseur en joujou,
Pour joujou, choisit un *trou - Madame,*
Madame ! Madame !

LXXVI.

AUTRE

Le jeu de Quilles.

Sur l'Air - de Joconde.

Noté dans les A-propos, *Tome I.* pag. 23.

Du jeu que renferme cet œuf,
   L'ufage eft un' vétille ;
Du but il faut vifer au *neuf,*
   Etre fûr de fa *quille* ;
Prendre au retour quatre ou cinq points ;
   Quoique l'jeu nous amorce,
Il faut regler, fur fes befoins,
   Son adreffe & fa force.

T ij

LXXVII.

AUTRE

Le jeu du Toton.

Sur l'Air - Quand on a bu la tête tourne.

Noté dans les A-propos , *Tome I.* pag. 257.

A ce jeu là fans ceffe on tourne ;
C'eft pair ou non ; l'fort y fait tout.
Mais, d'fon côté, (*a*) morgué l'œil qui fe tourne,
Dit , & tout d'un coup ;
» Sur la gaîté , fur l'efprit , Qui la tourne ,
» Trouve à fe fixer fur *tout.*

(*a*) Défignant la jeune Dame à qui l'on donnoit ces
jeux.

LXXVIII.

AUTRE

Le jeu du Solitaire. (a)

Sur l'Air - Nous sommes Précepteur d'amour.

(a) Comme l'Ouvrier n'avoit pas auſſi bien réuſſi dans ce petit jeu que dans les précédens , il fut décidé qu'on ne le préfenteroit pas ; ce qui a donné lieu à ce Couplet.

T iij

LXXIX.

LE ROULIER.

RONDE GRIVOISE.

Annonce de Parade. (a)

Sur un Air de M. L***

(*a*) Cette Ronde, faite pour être jouée, veut être chantée en riant & en confervant cependant le ton lourd & pefant du Roulier ; obfervant fur-tout de varier, felon les Couplets, les *Diah*, &c. & de rendre la maniere gauche que fon Amoureufe de rencontre emploie à fe défendre.

(*b*) Pour charette.

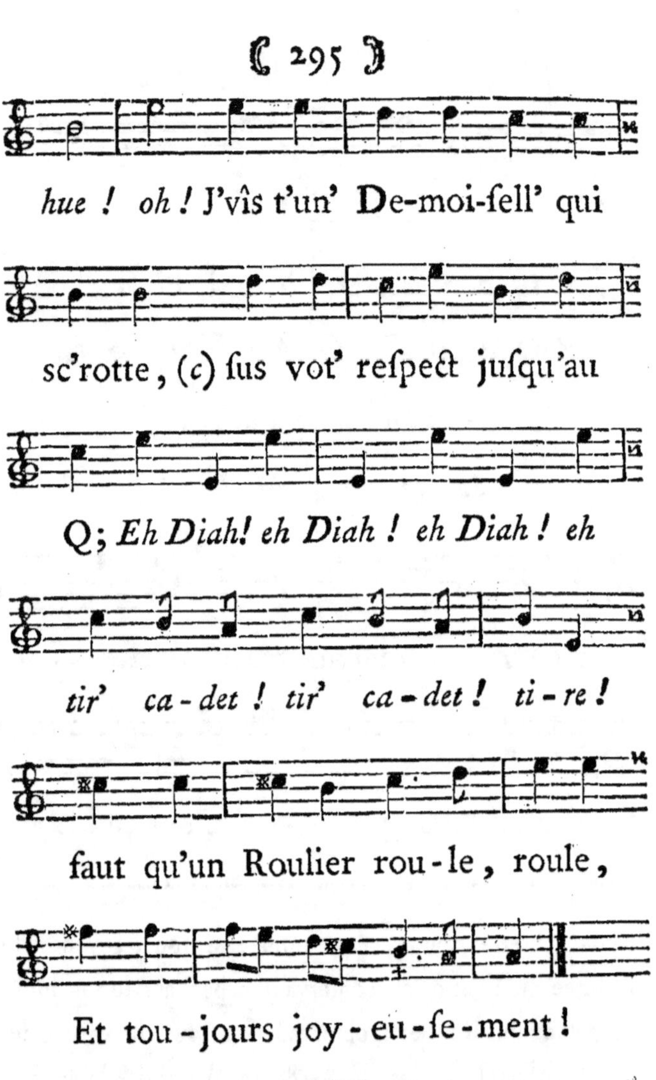

c) Pour se crotte.

T iv

J'pus pas voir crotter les charmes
De ç'te belle petit' Dondon :
Aye ! hue ! oh !
J'la montîs dans ç'te voiture,
Ça m'gagnît son amiquié ;
Eh Diah ! eh Diah ! eh Diah !
Tir' cadet ! tir' cadet ! tire !
Faut qu'un Roulier, &c.

J'vous lui demand' comme ell' se nomme ;
(Comm' fait z'un queuqu'un d'galand ;)
Aye ! hue ! oh !
A' m'répond : » T'nez, j'crois qu'il gele ;
J'lui dis : = Je n'crois pas ça, moi ; (*d*)
Eh Diah ! eh Diah ! eh Diah !
Tir' cadet ! Tir' cadet ! tire !
Faut qu'un Roulier, &c.

(*d*) Avec plus d'assurance , & en riant malignement.

La Bell' fent queut' chof' qui craque,
A' m'dit : » Vous allez m'varfer ! (e)
= *Aye ! hue ! oh !*
En difant ça, v'là l'orgniere,
Où ce que j'gliff' jufqu'au moyeux ;
Eh Diah ! eh Diah ! eh Diah !
Eh ! tir'cadet, tir'cadet ! tire !
Faut qu'un Roulier, &c.

La Bell' fit un cri d'Merluche,
Qui fit peur à mon cadet ;
= *Aye ! hue ! oh !*
J'vous r'mis ma Dondon par terre,
Pour foulager l'bricolier ; (f)
= *Eh Diah ! eh Diah ! eh Diah !*
Eh ! tir'cadet ! tir'cadet ! tire !
Faut qu'un Roulier, &c.

(e) En jouant la peur.

(f) Comme un homme enroué d'avoir trop fait cla-
quer fon fouet.

XC.

LE PETIT ÉCOT,

OU

LA GRAND' PINTE.

Chanson de Parade. (a)

Sur l'Air - Vantez-vous-en !

PAR un Dimanch' qui z'étoit fê-te,

Moi qui cherchois t'un tête - à - tê - te,

J'trouve aux Porch'rons teun' belle En-

(a) Cette Chanson, qui est faite pour être jouée,
veut être chantée en riant, & d'un ton de *Gilles brail-*
lard.

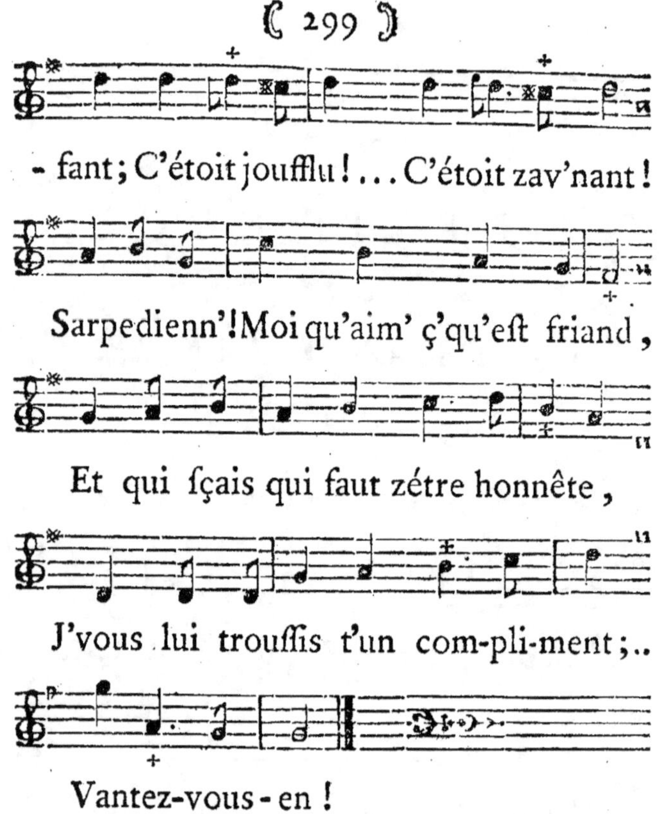

Vantez-vous - en !

J'ly fis voir clair dans ma tendreffe;
J'vis qu'Alle en rioit... v'là qu'je me r'dreffe,
V'là qu'A' m'fait mettre à fon écot,
V'là qu'je m'réchauffe à fon fagot;
Moi, qui n'me mouche pas d'l'œil d'un fot,
J'vis qu'Alle aimoit la politeffe,
J'en mis t'un peu plus en avant;
      Vantez-vous - en !

I' prit zeune foif à mon Aminte ;
J'voulus que ç'te foif fut z'éteinte ,
J'ly varfe un coup ; (*b*)... (ç'qu'eft d'fingulier!)
A ç'premier coup z'A' s'fit prier.
Pardin' j'eus mon tour au darnier ;
A'm'dit : » Mais j'fommes à la Grand-Pinte ; (*c*)
J'ly dis : = Je l'vois ben , mon Enfant.
Vantez - vous - en !

(*Et pis la Morale aftheure.*)

Tout' Fille qui fait la mitouche ,
Que l'on ne diroit pas qui z'y touche ,
Ça n'a pas d'faim z'en commençant ,
Puis...*l'appétit vient z'en mangeant.*..
Pardin' (*d*) , Meffieurs , profitez-en !
Croyez qu'tout ça z'eft fus fa bouche !
Ça vous flamb'roit tout vot' vaillant ;
Vantez - vous - en !

(*b*) On prend un verre.

(*c*) Enfeigne des Porcherons.

(*d*) A la Compagnie.

XCI.

CHANSON

GRIVOISE,

Mademoiselle Suzon DUBRA,

et Monsieur Joset DE LA BRICHE.

Sur un Air *de M.* L***.

JOSET.

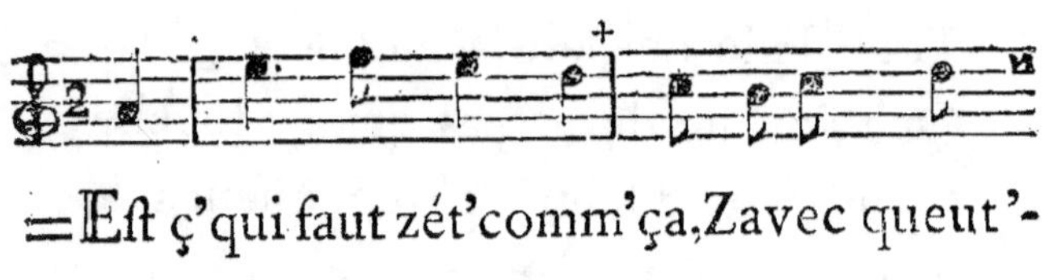

(a) Cette Chanſon eſt faite pour être jouée. M. *Joſet de la Briche* chante chacun de ſes Couplets, avec humeur & en pleurant ; Mais en conſervant toujours le ton de la timidité ; Et Mlle *Suzon* ſoutient le ton railleur & perſiſleur, & le propos délibéré. Quoique cette Chanſon ſoit en Dialogue, c'eſt la même Perſonne qui la chante, en jouant les deux Rôles.

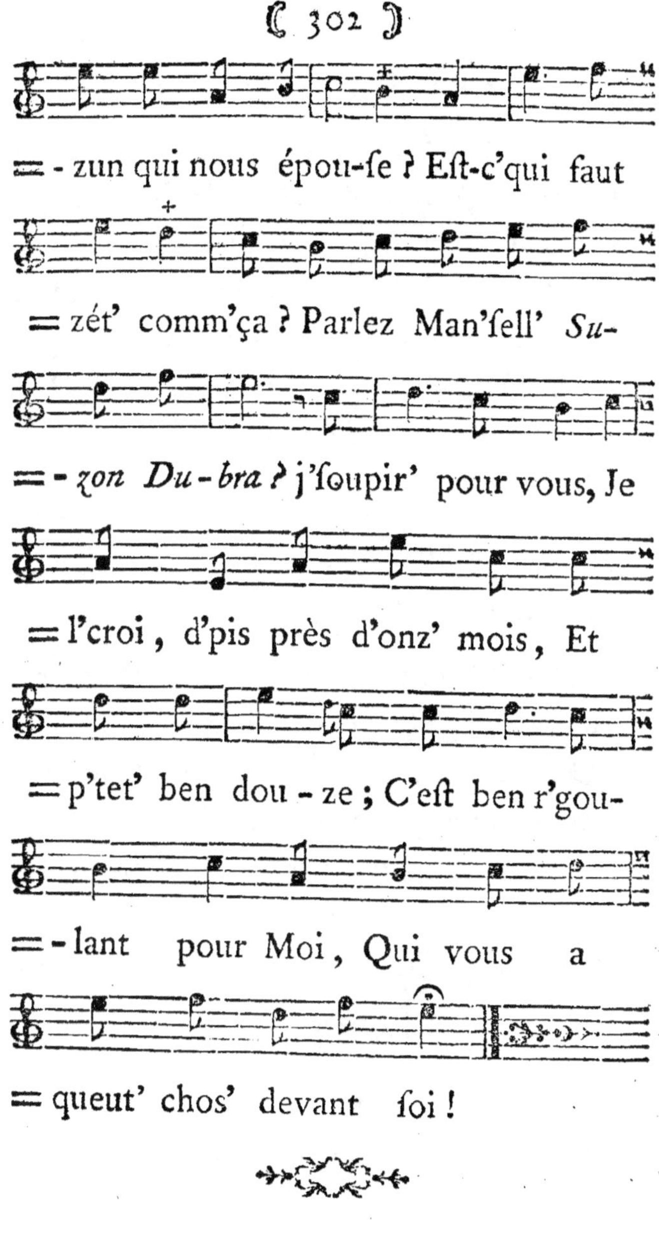
= - zun qui nous épou-fe ? Eft-c'qui faut

= zét' comm'ça ? Parlez Man'fell' Su-

= - zon Du - bra ? j'foupir' pour vous, Je

= l'croi, d'pis près d'onz' mois, Et

= p'tet' ben dou - ze ; C'eft ben r'gou-

= - lant   pour Moi, Qui vous   a

= queut' chos' devant foi !

SUZON, *riant ironiquement & foutenant le ton de dignité.*

» QUET' (*b*) c'eft donc qu'ces difcours ?
» Parlez, Monfieur *Jofet d'la Briche*,
» Quet'c'eft donc qu'ces difcours ?
» Qu'eft-ç'qui zéfarluch' (*c*) vos amours ?
» Quand zon a l'cœur trompeur,
» On penfe que zun chacun triche ;
» Mais Fille qu'a d'l'honneur,
» A fa défenf' dans fa pudeur.

JOSET, *vivement.*

== MAN'SELLE, eft ç'que j'difons,
== Qu'vous en manquez, ne vous déplaife ?
== Man'felle, eft ç'que j'difons,
== Qu'vous n'avez pas ç'que j'vous fçavons ?
== Mais, t'nez ; c'eft qu'un Rival
== N'eft point zune parfonn' qui plaife ;
== J'en ai fix ; c'eft fatal.
== J'crois qu'c'eft tout ; Mais c'eft toujours mal.

(*b*) Pour qu'eft-ce que c'eft. (*c*) Pour effarouche.

S u z o n, *d'un ton piqué & humiliant.*

» Qu'est qu'vient m'chanter malheur,
» Ç'te face en façon de jocrisse !
» Qu'est qu'vient m'chanter malheur,
» Ç't'ingrat, zà qui j'destin' ma fleur !
   » Allez, Monsieur *Joset*,
» Si tu m'josett' j'veux qu'on m'périsse ;
   » Allez, Monsieur *Joset*,
» J'en avois six, j'en aurai sept.

J o s e t, *redoublant de pleurs & d'empressement.*

= Pernez (c), Man'sell' !.. j'ai tort,
= Pisque vous v'là roug'comm' z'un' (d) braise ;
= Pernez, Man'sell' ! j'ai tort ;
= Mais n'me tuez pas t'avant ma mort !
   (L'air bien humble.)
   = C'est vrai… vous en faut sept ;
= Qu'ils n'vous prenn'pas tout ! j's'rai trop aise ;
   = Car faut m'couper l'chifflet,
= Si je n'vous fais Madam' *Joset*.

(c) Pour prenez.   (d) Pour une.

S u z o n,

SUZON, *après avoir laissé échapper un regard attendrissant sur Joset, invoque l'Amour.*

AMOUR ! t'es t'un Sorcier,
Je m'laisse aller, v'là qu'tu m'engueuses !
Amour ! t'es t'un Sorcier,
Tu m'joue z'un tour de ton méquier !

(Regardant Joset avec embarras.)

Monsieur *Joset*, je m'prens
Dans l'piég' (e) de vos magnier' (f) pleureuses;
J'm'y vois … j'm'y v'là, je l'sens;
Ma ch'Mer' ! (g)…Ma ch'Mer' ! je m'vlà dedans.

(e) Pour piége.
(f) Pour manieres.
(g) Pour ma chere Mere.

Tome *III.*   V

XCII.
LE BEL YARBE,
ET
BARBE, LA FILLE AU ROI DE GARBE.

ROMANCE.

SUR UN AIR DE M. DE LA BORDE.

BARBE annonçoit defirs naiffans,
Logés dans un cœur de feize ans ;
(Vous euffiez dit la fleur vermeille,
Qui, pour l'aiguillon de l'Abeille,
A des attraits toujours preffans :)
Amour la choye ; Hymen la lorgne : . . .
Quand un Corfaire, & vieux & borgne,
Vous l'enleve, à la barbe
Du Papa, Roi de Garbe.

V ij

POUR Barbe, au moins il fut heureux,
Que son Voleur n'y vît pas mieux ;
Cet *Harpagon*, ce vieux Corsaire,
La vend, & ne pouvoit mieux faire ;
Car l'Acheteur eut de bons yeux,
L'esprit plus clairvoyant encore ; ...
Si quelqu'un en doute, ou l'ignore ?
    Qu'il interroge Barbe,
    La Fille au Roi de Garbe !

VOILA donc Barbe entre les mains
D'Atis, le meilleur des Humains,
D'Atis, grand expliqueur de Songe....
Mais c'est peu dire ! quand on songe
Qu'il fut le meilleur des Parrains !
Aussi d'abord fit-il voir Barbe,
A son Filleul le bel Yarbe,
    Dont l'air consola Barbe,
    La Fille au Roi de Garbe.

Le soir, Atis vit son Filleul
Dormant, rêvant sous un tilleul;
Et sur sa mine pâle & blême,
Atis devine, à l'instant même,
Qu'on n'est jamais heureux tout seul;
Du beau Rêveur Atis s'approche,
Disant : » Y a quelque Anguill' sous roche !
 Le Rêveur nomma Barbe,
 La Fille au Roi de Garbe.

Atis s'écrie : » Oh ! pour le coup !
» Mon Filleul est d'assez bon goût !
» J'ai deviné la fin du rêve ;
» Et je veux, avant qu'il acheve,
» Pour l'accomplir, disposer tout.
» Le tems tout juste s'y rencontre,
» Dit-il, en regardant sa montre ; …
 Ou court Atis ? chez Barbe,
 La Fille au Roi de Garbe.

L'AMOUREUX, en Dormeur fenfé,
Suivoit fon rêve commencé;
(Car, en rêvant à ce qu'on aime,
Amant, heureux, malheureux même,
De finir n'eft jamais preffé;)
Et du Dormeur le fonge aimable
N'annonçoit rien que d'agréable;
    Car il rêvoit à Barbe,
    La Fille au Roi de Garbe.

ATIS revient; Barbe fuivoit;
Et Barbe, au Dormeur qui rêvoit
Prête à l'inftant fi bien l'oreille,
Que tout furpris, quand il s'éveille,
Il trouve fon aveu tout fait.
Barbe doute encor s'il rêve;
Atis lui dit : » M'entens-je en rêve?
    Oui, oui, lui répond Barbe,
    La Fille au Roi de Garbe.

TOUS deux béniſſoient le Parrain,
Au cœur ſi bon, à l'œil ſi fin ;
Par Lui, le Dormeur, l'Éveillée,
Sont fiancés ſous la feuillée ;
Atis fut bon juſqu'à la fin :
Et préſumant qu'en telle affaire
Fille attend l'aveu du cher Pere ;
On le fit voir à Barbe,
La Fille au Roi de Garbe.

V iv

XCIII.

L'ABBÉ MUSCAMBRE.

Sur l'Air - Des Trembleurs d'Ifis.

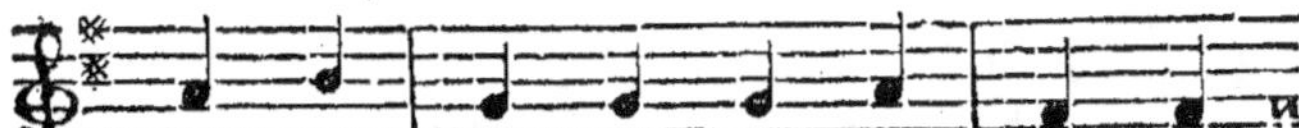

(*a*) Il faut plutôt parler cette Chanfon que la chanter. On fuppofe qu'un Abbé, Petit-Maître, engoué de fes bonnes fortunes, a demandé une Épigraphe pour mettre au bas d'un Portrait, à une Dame Bel-Efprit, qui le traite un peu légerement.

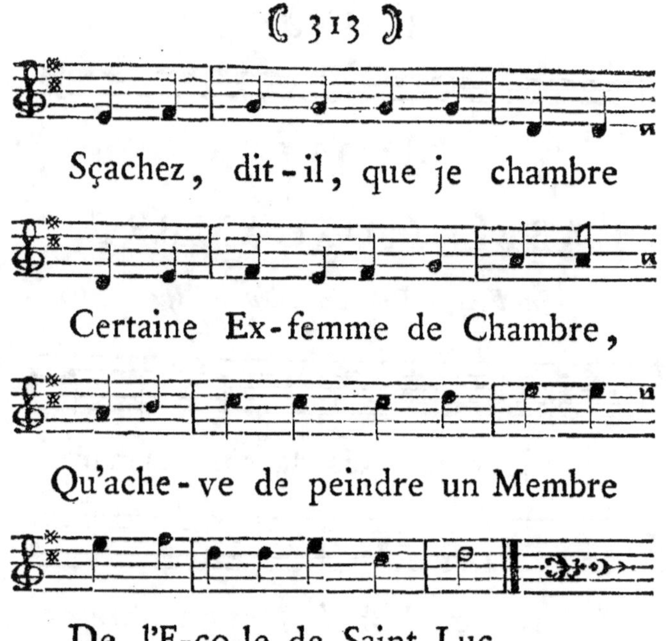

Du bon ton Elle a le germe,
C'eſt un Ange, (c'eſt le terme;)
Des tréſors qu'Elle renferme,
Si vous ſçaviez le détail !
La bouche point ne lui ferme;....
Dents d'ivoire & gorge ferme;
Mais Un Autre en a la ferme;
Je ſuis Croupier dans le bail.

L'ABBÉ s'eſt logé d'office,
Dans le riant Édifice,
Où loge, avec ſa Novice,
Son bon Financier joufflu;
L'Abbé ſupplée au ſervice;
Doublant, triplant ſon office,
De peur, ſur ſon Bénéfice,
Qu'on ne jette un dévolu.

AH! l'Abbé, j'entens, lui dis-je;
Pour le Portrait du…Prodige,
Vous voulez que je rédige
Epigraphe de mon chef?
Eſt-ce un Prélat qu'on néglige?…
De tout mon cœur je m'oblige
A fournir l'*hommagé-lige*…
Qu'il vous faudra rendre en bref.

(Et voici le Couplet.)

PETIT pied porte malice,
Œil qui fait bien sa police,
Belles dents, peau ferme & lisse,
Petit air urluberlu,
Sein arrondi par délice,
Cœur plus chaud qu'une Pélisse,
Et plus franc que *la Palisse*,
D'un Abbé font un Élu.

TABLE
DES CHANSONS
Contenues dans ce Recueil.

Fin de la Table.

ERRATA.

TOME PREMIER.

PAG. 104, ligne 2 de la notice, *au lieu de* ſaite,
    liſez faite.

111, ligne 3, *au lieu de* ſul l'Alr,
    liſez ſur l'Air.

TOME SECOND.

PAG. 56, ligne 2 de la Notice, *au lieu de* ſête,
    liſez fête.

58, ligne 1 de la notice, *au lieu d'*enſans,
    liſez enfans.

80, ligne 4 de la notice, *au lieu de* ſête,
    liſez fête.

229, vers dernier, *au lieu d'*Et, *liſez* En.

239, vers 2, *au lieu de* couleur,
    liſez couleurs.

TOME TROISIEME.

PAG. 84, vers 15 *au lieu de* ſe, *liſez* s'y.

199, vers 8, *au lieu de* plac, *liſez* place.

www.ingramcontent.com/pod-product-compliance
Lightning Source LLC
LaVergne TN
LVHW021514170726
843501LV00004B/861